EDUCACIÓN Y TRABAJO

Marcelo Antonio Sobrevila
Julio Pedro Ortiz

EDUCACIÓN Y TRABAJO

Ley Nacional de Educación (N° 26206), Artículo 38: La Educación Profesional es la modalidad de la Educación Secundaria y la Educación Superior responsable de la formación de técnicos medios y técnicos superiores en áreas ocupacionales específicas y de la formación profesional. La educación técnica profesional se rige por las disposiciones de la Ley 26058 en concordancia con los principios, fines y objetivos de la presente ley. Esta modalidad se implementa en las instituciones de gestión estatal o privada que cumplen con las disposiciones de la Ley 26058.

Nivel Secundario y Superior de la Educación Técnica Profesional

PARA

Directivos de Institutos Superiores, Escuelas Técnicas Secundarias y Centros de Capacitación • Sistemas de Capacitación de Sindicatos, Industrias y Empresas • Profesores y docentes de la enseñanza técnica profesional de niveles superior y secundario • Alumnos de Institutos de Formación Técnica Superio • Alumnos de Escuelas Secundarias de Formación Técnica • Cursantes de actualización y capacitación laboral • Demandantes de Información sobre la educación técnica profesional.

Apéndices: Bibliografía de referencia • Ley Nacional N° 26.058, de Educación Técnico Profesional

Primera edición
2 0 0 9

LIBRERÍA y EDITORIAL ALSINA
Paraná 137
C1017AAA Ciudad Autónoma de Buenos Aires
Telefax 54-11-4373-2942 y 54-11 4371-9309
ARGENTINA

Queda hecho el depósito que marca la ley 11.723

Impreso en Argentina

ISBN 978-950-553-175-2

La foto de tapa es cortesía de Techint Argentina S.A.

Diseño de tapa: Luciano García

Diseño de interior: Gráfica del Parque

Sobrevila, Marcelo A.
    Educación y trabajo / Marcelo A. Sobrevila y Julio Ortiz. - 1a ed. - Buenos Aires : Librería y Editorial Alsina, 2009.
    142 p. ; 23x16 cm.

    ISBN 978-950-553-175-2

    1. Educación y Trabajo. I. Ortiz, Julio II. Título
    CDD 375

"Materialmente, el hombre no puede vivir sin la técnica a la que ha llegado"

José Ortega y Gasset

"Meditación de la Técnica", Ediciones Revista de Occidente, 1957, Madrid, España

A mis hijos y mi nieto, mis afectos

A mis jóvenes colegas docentes

A mis discípulos a lo largo de una vida

A los jóvenes que desean capacitarse

M. A. Sobrevila

ÍNDICE

PREFACIO

Con la promulgación de la Ley n° 26.058 de Educación Técnico Profesional promulgada en setiembre de 2005, se inicia en la República Argentina otra etapa de lo que ya es una larga tradición en educación técnica. Históricamente primero tuvimos la Dirección General de Enseñanza Técnica, luego la Comisión Nacional de Aprendizaje y Orientación Vocacional y finalmente el Consejo Nacional de Educación Técnica (CONET). Todas estas organizaciones públicas mas las sindicales, y algunas privadas, cumplieron destacadas misiones en correspondencia con los tiempos históricos en que se situaron, al amparo de legislaciones adecuadas a sus épocas.

También se ha promulgado en 2006 la Ley n° 26.206 de Educación Nacional, con la que toda la educación argentina esta reordenando el sistema. Debemos reconocer también que la Ley 24521 –de Educación Superior– hizo sus aportes a este proceso y que la llamada Ley Federal de Educación n° 24.195 no ha tenido el éxito esperado. Al trasladar las escuelas técnicas, antiguamente llamadas escuelas industriales, al ámbito de cada provincia, el sistema en su totalidad se disgregó y perdió no solo calidad, sino también sentido profesional

Por otra parte, acontecimientos internacionales y el avance tecnológico que están ocurriendo repercuten fuertemente sobre la formación de técnicos y de personal de los cuadros laborales de las industrias, las obras y los complejos sistemas de servicios públicos. A todo esto se suma la sacudida que ha dado a toda actividad humana la informática. Hoy, los oficios y profesiones en todos los niveles, han quedado sólidamente relacionados con la computadora y con Internet.

Actualmente la Educación Técnica Profesional –de acuerdo a lo establecido por la Ley de Educación Técnica– ha extendido las áreas clásicas y originales de la educación técnica y comprende –tal como lo indica expresamente– la formación ética, ciudadana, humanística general, científica, técnica y tecnológica. Promueve así el aprendizaje

11

de capacidades, conocimientos, habilidades, destrezas, valores y actitudes relacionadas con desempeños profesionales y criterios propios del contexto socio-productivo, que permitan conocer la realidad a partir de la reflexión sistemática sobre la práctica y la aplicación sistematizada de la teoría.

En la actualidad la Educación Técnica Profesional abarca, articula e integra los diversos tipos de instituciones y programas de educación para el trabajo, que organizan sus propuestas formativas según capacidades, conocimientos científico-tecnológicos y saberes profesionales en el nivel secundario y en el superior.

Las reflexiones contenidas en este libro surgen de dilatadas experiencias en el campo de la educación técnica tradicional , que son extensibles y aplicables a todas las nuevas áreas propuestas por la Ley de Educación Técnica. Impresiones recogidas en medios empresarios e industriales, que deberían ser cuantificadas por relevamientos a nivel nacional, hacen notar que el perfil de las demandas no satisfechas es más pronunciado para las tecnicaturas relacionadas con las profesiones de la ingeniería.

Es de esperar en los próximos años para nuestro país importantes cambios en todo el espectro educativo. Profesionales, supervisores. técnicos y operarios que se desempeñan actualmente como personal docente en las instituciones educativas técnicas y centros de capacitación laboral de nuestro país deberán actualizar sus métodos y conocimientos en el arte de enseñar, en forma continuada. También se incorporarán nuevas técnicas y saberes a la producción de bienes y servicios. Objetivos esenciales para el desarrollo de los sistemas socioeconómicos.

Marcelo Antonio Sobrevila

EVOCACIÓN y RECONOCIMIENTO

Recordemos que en el año 1968 la Editorial Kapelusz publicó la obra *Didáctica de la Educación Técnica,* que prestó suma utilidad a los docentes en ejercicio pertenecientes al ex Consejo Nacional de Educación Técnica, CONET, y que podemos considerar el punto de partida de la presente obra. Terminábamos de cumplir en aquel entonces una beca de estudios de la UNESCO en nueve países de Europa, y procuramos volcar en esas páginas, una gran cantidad de valioso material e información, adquiridos en institutos universitarios, técnicos y laborales de primera línea, adaptándolos a las necesidades y estilos de nuestro país y de lo más moderno en esos tiempos.

En esta obra que ahora presentamos a la consideración de los docentes y alumnos de los niveles superior y secundario de la modalidad Educación Técnica Profesional, hemos empleado un lineamiento algo semejante al de aquella primera edición que terminamos de evocar, como estructura, pero procurando adaptarla a la situación de la Argentina actual y a las tendencias internacionales que estamos presenciando.

Además, hemos invitado al ingeniero en construcciones (Universidad Nacional de La Plata) **Julio Pedro Ortiz**, profesor del Departamento de Tecnología de la Universidad Nacional de Lujan, Director de un Centro de Educación Técnica de Nivel Superior de la Provincia de Buenos Aires y presidente de la Comisión de Enseñanza del Centro Argentino de Ingenieros, para colaborar en esta obra. El ingeniero Ortiz suma además dilatada experiencia en el ejercicio profesional, condición muy necesaria para conservar un acercamiento a la realidad de las profesiones. El profesor **Ortiz** ha revisado el texto para mejorar su calidad y lo ha enriquecido con oportunos aportes.

Marcelo Antonio Sobrevila

CAPÍTULO 1

LA EDUCACIÓN TÉCNICA SECUNDARIA

1.1. LA SITUACIÓN EN ARGENTINA

La enseñanza técnica secundaria en la República Argentina se encuentra en una situación que merece un análisis crítico. Si bien debemos admitir que estamos en un verdadero problema, no es menos cierto que las grandes dificultades, son muchas veces la puerta de entrada a grandes soluciones provechosas.

Como hemos comentado en el Prefacio de esta obra, con la promulgación de la Ley n° 26.058 de Educación Técnico Profesional, se inicia en la República Argentina otra etapa de lo que ya es una larga tradición en educación técnica. Anteriores fueron la Dirección General de Enseñanza Técnica, la Comisión Nacional de Aprendizaje y Orientación Vocacional y finalmente el Consejo Nacional de Educación Técnica (CONET). Todas estas organizaciones, tanto públicas como privadas, cumplieron destacadas misiones en correspondencia con los tiempos históricos en que se situaron, mediante una legislación adecuada a sus épocas.

También se ha promulgado la Ley n° 26.206 de Educación Nacional, con la que toda la educación argentina ha reordenado su sistema. Debemos reconocer que la llamada Ley Federal de Educación n° 24.195, no ha tenido el éxito esperado. Al trasladar las escuelas técnicas, antiguamente llamadas escuelas industriales al ámbito de cada provincia, el sistema en su totalidad se disgregó y perdió no solo calidad, sino también sentido profesional

Por otra parte, acontecimientos internacionales y el avance tecnológico que están ocurriendo repercuten en la formación de técnicos y de personal de los cuadros laborales de las industrias, las obras y los complejos sistemas de servicios públicos. A todo esto se suma la sacudida que ha dado a toda actividad humana la informática. Hoy, los oficios y profesiones en todos los niveles, han quedado sólidamente relacionados con la computadora y con Internet.

Es suficiente frecuentar hoy los ámbitos industriales y de las empresas de servicios, que emplean mucho personal calificado con variados niveles de preparación, para percibir la falta de ingenieros, supervisores, técnicos y operarios calificados, para cubrir las posiciones necesarias en esos lugares. También las autoridades de la conducción política del país se están preocupando por el problema, y han emitido las correspondientes voces de alarma. Nos encontramos entonces en una situación de crisis, dado que la educación técnica no provee al sistema productivo las personas calificadas y por otra parte, las que están actuando han quedado descalificadas por el avance de la tecnología. Por lo tanto, el tema merece un análisis.

El gran desarrollo de nuestro país a fines del siglo diez y nueve y primera parte del siglo vente, se logró por medio de la agricultura y la ganadería. Como se decía con orgullo, *Argentina era el granero del mundo*. Por nuestra producción agropecuaria, los llamados ahora *commodities*, logramos colocarnos en el sexto lugar del mundo por nuestro potencial económico y calidad de vida, que atrajo a una inmigración laboriosa a principios del siglo veinte. En esa etapa, con ese sustento y con mentes esclarecidas como Mitre, Sarmiento, Estrada, Magnasco, Zanotti, Avellaneda y tantos otros valores, creamos una educación de alta calidad que nos llenó de orgullo. Cinco Premios Nóbel, tres en medicina y dos por la paz, son muestras de un esplendor que dejó sus rastros en nuestra sociedad. Dentro de esa etapa también comenzó a gestarse un desarrollo industrial, poniendo valor agregado a la producción primaria, y fue necesaria la educación técnica.

Para un mejor análisis de todo ello, aconsejamos el trabajo de la doctora **María Antonia Gallart** [1] para guiarnos en este breve capítulo.

Desde un punto de vista histórico, podemos señalar que entre 1930 y 1960, debido a la gran depresión del año 1929 y la segunda guerra mundial, Argentina tuvo que desarrollar una industria de sustitución de importaciones. Quienes hemos actuado profesionalmente en la ingeniería de ese período, debemos reconocer que esa industrialización no fue de elevada calidad y mucho menos, creativa y competitiva. En ge-

---

1 *La escuela técnica industrial en Argentina*, por María Antonia Gallart, editado por la Oficina Internacional del Trabajo, CINTERFOR, 2006, Buenos Aires, Argentina.

neral se copiaba lo importado, pero es justo reconocer que esta situación dio lugar a un fortalecimiento de las entidades gremiales de trabajadores y a la consolidación de muchas empresas, particularmente la automotriz. Los gobiernos legales y los gobiernos de facto frecuentes en esa etapa, se interesaron por la educación técnica, la que tuvo un desarrollo con las llamadas en ese entonces, *escuelas industriales*, que tomaron el modelo de la prestigiosa "Otto Krause". Se llegó así a la creación del Consejo Nacional de Educación Técnica, el ex CONET, que reunió a la anterior Dirección General de Enseñanza Técnica con la anterior Comisión Nacional de Aprendizaje y Orientación Profesional, y con algunas Escuelas de Artes y Oficios.

Podemos afirmar que el CONET tuvo un desarrollo eficiente, al que se sumaron las Escuelas Privadas de Fábrica, supervisadas por el mismo CONET, conforme lo estableció la Ley de creación. A partir de mediados de la década del setenta, la industria perdió protagonismo, el empleo se concentró en el sector terciario, y el proyecto desarrollista del presidente Arturo Frondizi quedó relegado por una serie de crisis económicas. En la década del noventa, con las privatizaciones cambió el panorama, a lo que sumó la crisis global del mes de octubre de 2008.

Todos estos trastornos del país por causas ajenas a la educación, sumado al rapidísimo cambio tecnológico, la irrupción de la informática y la desafortunada Ley n° 24.195 que transfirió a las provincias las escuelas técnicas, han dejado a la educación técnica en una situación grave. Es insuficiente para atender la demanda y lo que ofrece está desactualizado.

En la actualidad la Educación Técnica Profesional abarca, articula e integra los diversos tipos de instituciones y programas de educación para y en el trabajo –en el nivel superior y en el secundario– que especializan y organizan sus propuestas formativas según capacidades, conocimientos científico-tecnológicos y saberes profesionales. Estas nuevas definiciones se hallan –a partir de la promulgación de la Ley específica– en pleno desarrollo de sus perfiles.

1.2. LA ENSEÑANZA TÉCNICA Y LA INFORMÁTICA HAN INVADIDO LA EDUCACIÓN

Desde que el hombre aprendió a encender y conservar encendido el fuego, hasta que Jacobo Watt en 1769 construyó una máquina a vapor aceptable, existió siempre en el hombre una constante e infatigable preocupación por aumentar la eficacia de los medios que generosamente le brinda la naturaleza, preocupación suscitada por dos actividades que son inherentes al género humano: conocer y construir.

Pero a partir de Watt se inicia una era de fuerte industrialización, y con ella hace su aparición la enseñanza de las *artes industriales*, como se las llamó, precursora de lo que hoy conocemos como Educación Técnica y que nos ocupa en este libro. Este fenómeno ocasionó lo que se ha dado en llamar *la primera revolución industrial* hacia fines del siglo diez y nueve, con una expansión sin precedentes que cambió la historia de muchos países y el estilo de vida de mucha gente.

Esta primera revolución industrial ocasionó muchos efectos favorables, como el desplazamiento de las personas de muchas tareas penosas que requerían esfuerzo físico, ya que fueron sustituidas por maquinarias que se crearon. Otro resultado fue el aumento de la instrucción pública con la consiguiente disminución del analfabetismo y la difusión de la cultura y el arte. Aumentó la cantidad de personas que tuvieron instrucción primaria y universitaria. Los niveles de vida subieron y las diversas sociedades se conocieron más entre sí, por el aumento de facilidades para viajar con rapidez y seguridad.

Se nota entonces que el avance de la técnica causó un fuerte impacto en la educación, en general, y dio motivo a la aparición de la Educación Técnica, que sustituyó a la enseñanza de oficios por métodos artesanales. La educación sintió que se le incorporaba un nuevo componente que no podía estar ausente, dado que provenía de un hecho humano. Hasta la llegada de la Ecuación Técnica los oficios y profesiones eran transmitidos por los mismos artesanos que enseñaban a sus discípulos, pero sin seguir las reglas del arte de enseñar. Inclusive, la necesidad de impartir conocimientos técnicos cada vez de mas elevado nivel y base científica llegó rápidamente a las universidades. Hasta ese entonces, las universidades no tenían facultades de ingeniería. Estos acontecimientos han sido tratados por sociólogos e intelectuales, encontrando lo positivo y lo negativo de lo acontecido

Sin embargo, la evolución humana nos trajo otra sorpresa con la llegada de la Informática, una ciencia nueva que hoy se hace presente en todas las actividades de la sociedad y, por supuesto, en todas las áreas de la técnica. Esa aparición está ocasionando la necesidad de cambios profundos en la forma de educar a las personas, de las que no escapa la tecnología. Por lo tanto, a lo que podamos decir hoy al escribir estas líneas debemos asignarle esa *sensación de provisorio* que la

Informática ocasiona en todas las cosas con su ritmo constante de adelanto día a día. Su precursor, Bill Gates [2] en su libro nos alarma y nos esperanza.

Al mencionar a la Informática, hemos pensado que puede ser oportuno aquí hacer una reflexión acerca de ella. Tratándose de una ciencia nueva en la historia de la humanidad, frente a otras muy antiguas como la filosofía, la matemática, la física o la química, es lógico que se produzcan confusiones y errores en el decir idiomático.

Ensayemos reflexionar del modo que sigue. El criterio mas apropiado para saber que es la Informática, puede obtenerse reconociendo sus objetivos. Por ejemplo, el objetivo de la botánica son los vegetales. De la zoología, los animales. De la antropología, los seres humanos. Por lo tanto, preguntémonos: ¿Cuáles son los objetivos de la Informática? Una primera observación, en esta búsqueda, puede ser lo que sigue.

Depende de la actividad humana en que se desea aplicar la Informática, de la forma en que se lo quiera hacer y de la capacidad de memoria de la computadora de que dispongamos. Esto hace aparecer, con toda claridad, que la Informática tiene varios objetivos principales:

1º. Actuar como herramienta operativa de todas las ciencias, artes y profesiones, y también para la distracción y entretenimiento, comportándose como estimulante para su desarrollo, perfeccionamiento y operación.

2º. Contribuir al desarrollo de las computadoras, para que cada vez se parezcan mas al cerebro humano y lo reemplacen en algunas tareas.

3º. Investigar y especular con los conocimientos adquiridos, buscando las fronteras del conocimiento en el tema que trate, lo que implica investigación, desarrollo e innovación, que en el mundo actual se conoce abreviadamente como (I + D + I)

4º. Aplicar los conocimientos adquiridos en los lugares en que se necesiten, que pueden ser empresas u organizaciones de cualquier tipo en donde se utilicen medios informáticos, lo que implica *ejercicio profesional* para cumplir servicios adecuados.

---

2 *Camino al futuro*, por Bill Gates, Mc Graw Hill / Iberoamericana, España, 1996.

A esta altura del relato, aparece en escena un artificio esencial de la Informática, inventado por el hombre, que lleva el nombre de **Computadora**. En España, ordenador. Debemos detenernos entonces en este punto, para individualizar sus principales características, porque de algunas de ellas, habremos de obtener conclusiones importantes.

La Computadora es un invento del hombre, y en eso se parece algo a la matemática, que también es una creación del ser humano. La matemática no es una ciencia como la física, la química, la biología, la astronomía y otras más, que existen desde que el hombre adquirió las aptitudes para el razonamiento analítico, estudio el comportamiento de las cosas del mundo que lo rodea y aprendió a reflexionar sobre los fenómenos y entenderlos. La matemática es el arte de entender la relación entre el saber y la medida de las cosas. Tiene como base la intuición y la lógica. Está fundada en **principios** y en los **axiomas,** que son todos intuitivos. Nació este arte a causa de las necesidades de la vida práctica y otras razones. A la computadora se la conoce más simplemente como **PC**, del inglés, Personal Computer.

Lo primero que aparece a causa de la necesidad de emplear la computadora, es la conocida división del problema informático en:

- **Hardware**, que es la electrónica del computador y los elementos materiales de su composición.
- **Software**, que son los programas o formas de actuar del *hardware*.

Sabemos que, elementalmente hablando, una computadora se compone de:

- Un microprocesador o unidad central llamada CPU (Central Processing Unit)
- Una unidad de memoria
- Una unidad de entrada-salida

La memoria se compone a su vez, de la memoria fija (no volátil) llamada ROM, que contiene el programa de tareas que puede realizar este artificio y la memoria de acceso aleatorio llamada RAM, que maneja los datos que se le dan y los resultados que entrega. Este conjunto, puede tener gran cantidad de periféricos, es decir, elementos agregados para funciones muy variadas, como por ejemplo, las impresoras.

Pero hay en la computadora algo esencial que ayuda a definir a la Informática. Se trata de un circuito electrónico complejo, enteramente vinculado a la Lógica Electrónica y por lo tanto, fuertemente vinculado a la **Lógica Formal** como ciencia a través de los **Circuitos Lógicos**, que son la base y esencia de toda computadora.

Los llamados **chips** son simplemente combinaciones de circuitos lógicos y un **microchip** es una cantidad enorme de circuitos lógicos colocados en una superficie extremadamente pequeña. Sin embargo, electrónicamente hablando, los componentes primarios elementales de un *microchip* son muy pocos y muy simples, variando solo la forma ingeniosa de vincularlos a todos entre sí, para lograr determinados efectos muy complejos. Los circuitos lógicos en que se basa toda la estructura, podemos resumirlos en los siguientes básicos que conoce todo ingeniero electrónico o electricista: AND; NAND; OR; XOR; FLIP-FLOPS; etc.

Si la Informática está ligada esencialmente al computador y éste se basa en los circuitos lógicos, va de suyo que *la Informática es una nueva ciencia basada en otra que es la Lógica Formal*, de historia muy antigua. El filósofo Manuel Kant, hace muchos años, se ocupó de la Lógica Trascendental y la perfeccionó, aunque todo comenzó con Aristóteles en la antigua Grecia Clásica [3]. El término griego *logos* significa etimológicamente, *palabra, discurso, tratado, buen sentido, razón, argumento, inteligencia* y proviene del verbo *legein* que significa entre otras cosas, *reunir, juntar, ordenar, prescribir, aconsejar*, etc. En suma, la lógica incide o subyace en toda actividad científica, sin interesarse por los objetos materiales. Se trata de ideas. La Informática es una actividad científica basada en la Lógica Formal.

Es en este punto oportuno agregar un comentario acerca de un error frecuente. Si acudimos a la definición de ingeniería [4] lo detectamos fácilmente. Según el Accreditacion Board for Engineering and Technology, el reconocido **ABET** de los Estados Unidos de Norteamérica, una de las entidades más importantes a nivel internacional, tenemos:

> *"Ingeniería es la profesión en que el conocimiento de las ciencias matemáticas y naturales adquirido mediante el estudio y la práctica, se aplica con buen juicio a fin de desarrollar las formas en que se pueden utilizar, de manera económica, los materiales y las fuerzas de la naturaleza en beneficio de la humanidad"*

---

3   *Crítica de la Razón Pura,* por Manuel Kant, Biblioteca Mundial Sopena, varias ediciones.

4   *Introducción a la Ingeniería,* por Paul H. Wright, editado por Addison-Wesley Iberoamericana, 1994, traducción de *"Introduction to Engineering",* editado por John Wiley & Son en 1989

Podemos entonces confirmar que no son enteramente correctas expresiones como *"Ingeniería de la Informática"* ó *"Ingeniería Informática"* que dan nombre a carreras universitarias, dado que la informática no es una especialidad más de la ingeniería, como lo son la electrónica, la mecánica, la civil, la industrial, la química y todas las otras. Por incorrecto empleo del idioma castellano, hay tendencia a usar la frase *"hacer una ingeniería"*, como un acto en el que se emplea el ingenio, cuando el vocablo ingeniería define a una profesión, que otra cosa.

Si todas las disquisiciones anteriores fuesen aceptadas, podríamos ensayar lo que sigue:

> *Informática* es una nueva ciencia, una disciplina intelectual que, basada en la Lógica Formal, se aplica como herramienta de servicio en todas las ciencias, artes y profesiones a fin de ayudar a su desarrollo, perfeccionamiento y operación, y su evolución intelectual. Procura encontrar la forma de reproducir algunas funciones del cerebro humano en la llamada *inteligencia artificial*, para lograr en un futuro aplicaciones todavía no delimitadas, necesitando para ambos propósitos, de la computadora como artificio material de apoyo y creando en todos los casos las bases de una profesión universitaria con diversas especialidades y orientaciones.

Hemos llegado así a la siguiente conclusión. El desarrollo de la tecnología con la primera revolución industrial y la aparición de la informática con su apoyo material que es la computadora, son dos ingredientes que se han incorporado a la educación, dando lugar a un estado de avance de las cosas, que se llamó también *segunda revolución industrial*, seguida por la *era de la automación*, y que actualmente está en manos de los estudiosos e intelectuales su análisis, que abandonamos, por no ser los calificados para hacerlo. Todos estos acontecimientos han quedado grabados en la historia de la última mitad del siglo veinte y los inicios del actual.

1.3. LA TECNOLOGÍA Y SU RELACIÓN CON LA CULTURA

En el siglo XIV se inició en Italia, mas particularmente en la Toscana con epicentro en la ciudad de Florencia, y se extendió a toda Europa en los dos siglos siguientes, el Renacimiento, movimiento filosófico y literario que se caracterizó por un retorno al pensamiento de los pueblos griegos y romanos, en contraposición con las ideas empíricas de la llamada Edad Media, que para esa época finalizaba.

Este movimiento, llamado *humanismo*, dio las bases de la civilización moderna, presentando las inquietudes de aquellos pueblos con un ideal de humanidad, en los aspectos literarios, políticos, sociales, artísticos, etc. Esta escuela del pensamiento que exalta preferentemente los valores estéticos, se ha prolongado hasta nuestros días, repercutiendo fuertemente sobre el esquema general y planeamiento de la educación, inclusive en nuestro país. Sus cultores, los humanistas clásicos, han creado una concepción bien difundida de lo que debe entenderse por cultura, estrechamente vinculada con la idea del desinterés y las altas semblanzas del espíritu. Tan es así que en su acepción común, el vocablo cultura sirve para designar un conjunto de manifestaciones de la vida espiritual de los pueblos o de una época, y comprende el arte, la literatura y la filosofía. Su origen debemos buscarlo en la palabra cultivo, que se aplicaba primitivamente sólo al trabajo de la tierra, con el objeto de hacerla mas fecunda. Este conjunto de manifestaciones es realmente imponderable, pero permite que el hombre se perfeccione continuamente, sea mas íntegramente humano y viva mejor en sociedad, a la vez que sea más útil a sí mismo y a la comunidad, y con ello más humano y más feliz.

Pero la era industrial que vivimos, acelerada por la informática, con sus incontables problemas técnicos y económicos, ha despertado nuevas concepciones que también es menester tener en cuenta. Así ha surgido una corriente de pensamiento que nos habla de un humanismo técnico, vívida expresión de la realidad actual. Este humanismo técnico ha introducido algunas alteraciones en el concepto general y clásico de cultura, originando polémicas vivaces y apasionadas que nos sentimos incompetentes para profundizar en la debida medida. Por ello retornamos al objeto de este párrafo, que no es otros que el de difundir algo nuevo relacionado con el concepto de cultura. Para ello vamos a citar conceptos de Philip E. Le Corbeiller [5]

---

5   *Science and civilization*, por Philip E. Le Corbeiller, traducción de Alfredo E. Pincirolli, publicado por el Colegio Nacional dependiente de la Universidad Nacional de La Plata, 1958, Argentina.

Según este autor:

«El fin de la cultura, es obtener una visión equilibrada del hombre en el universo"

Compartimos ese criterio. Es natural que el universo sea algo tan extenso, y forzosamente deberá ser superficial, salvo para algunos pocos genios. Pero resulta sumamente peligroso que esa visión sea incompleta. Para demostrarlo, el referido profesor nos relata una anécdota que el mismo vivió. Se encontraba en Paris con un señor mayor que él, extremadamente versado en literatura inglesa y francesa, y en historia. Era además un hábil pianista, había viajado mucho, y a ello se sumaba un profundo conocimiento de la pintura, la arquitectura y las artes decorativas. En verdad, no se trataba de un especialista, sino de un hombre culto en el sentido humanístico.

Mirando ambos una escalera mecánica en una de las grandes tiendas parisinas, Le Corbeiller trajo a colación el tipo de motor eléctrico más conveniente para accionarla, a lo que el hombre culto dijo:

–"Pero, ¿estos aparatos tienen un motor eléctrico?
–Sí, le respondí vacilante, sin haber comprendido qué quería decir.
– ¡Oh! , continuó. No pensé que el motor fuese necesario, porque las escaleras mecánicas son de una sola pieza. Supuse que simplemente se les daba un envión por las mañanas y daban vueltas y vueltas"

Se nos ocurre muy oportuno resaltar lo siguiente:

– El fin de la cultura es tener una visión equilibrada del hombre en el universo
– Aquella persona culta de la anécdota nunca había oído hablar del principio de conservación de la energía.

La vida de nuestro mundo moderno está cada vez mas colmada de productos técnicos que tienen explicación científica. Quien se resista a penetrar algo en ese campo del conocimiento humano, vivirá como un ser extraño o como un niño en nuestra civilización. Hoy no puede llamarse culta una persona que ignore por completo que es la luz eléctrica, porque se mantiene en el aire un avión, que pasa con la energía en el motor del automóvil que conduce, que es un transistor, que es un radar, que es la energía atómica, para citar solo algunas pocas cosas de este mundo en marcha.

Esos conocimientos de tecnología se deben adquirir en adecuados cursos escolares de las escuelas primarias y secundarias, en la misma medida que a un físico o a un ingeniero, lo ilustran sobre literatura, sin pretender hacerlo un literato.

Los conocimientos técnicos o científicos permiten a cualquier persona comprender mucho mejor las condiciones de vida de un trabajador de nuestros días, sus deseo e inquietudes, a la vez que le infundirán confianza al romper las barreras del conocimiento. Como afirma Le Corbeiller, la situación del técnico que no conoce letras no es equivalente a la de un hombre de letras que ignora las ciencias fisicomatemáticas. Pero hay más. Cuando el técnico desea entrar en el mundo de la literatura, historia o economía, puede hacerlo con relativa facilidad a cualquier edad, mientras que algo diferente es informarse sobre energía, electrónica o metalografía. Hacen falta conocimientos básicos de física y de química, por no citar la matemática necesaria, para informarse sobre los procesos industriales modernos. Todo ese gran mundo tecnológico que nos rodea es una especie de varita mágica de la que se ha posesionado la humanidad, la que pocos comprenden y menos aún saben usar. Precisamente, por esto último, muchos son los que se fastidian con la técnica.

Según nuestra particular apreciación de las cosas, podemos afirmar

La tecnología, es decir, la ingeniería para ser más precisos en la forma de expresarnos, son hoy sin lugar a dudas, componentes de la cultura.

Creemos firmemente que el hombre culto de nuestros días no es solo aquel que tiene conocimiento de los valores estéticos, morales e históricos, sino también aquel que sabe algo del mundo técnico que lo rodea. La *tecnología, es decir la ingeniería*, ha transpuesto las barreras de las fábricas y los talleres de mantenimiento, invadiendo la vida cotidiana. Importa tanto saber que consecuencias tuvo sobre la humanidad de su tiempo la Revolución Francesa, como las repercusiones que el descubrimiento de la fisión nuclear tiene sobre la nuestra.

Sostenemos personalmente que el contenido de la cultura no puede ser estático, sino que evoluciona con el devenir de los hechos y con los grandes movimientos de la humanidad, debiendo en consecuencia ser revisado continuamente. Hoy la vida, las ilusiones y la felicidad o la desdicha de millones de seres humanos pueden depender del buen o mal uso que hagamos de la ingeniería a la que hemos llegado. *Es a nuestro entender correcto, que lo técnico tenga cabida en la cultura.* Antiguamente el hombre culto era el versado en lenguas clásicas, y volcado decididamente sobre lo estético. Lo era simplemente porque la actividad humana, producto del Renacimiento, así lo imponía. En la era actual una industria o una empresa constructora constituyen un hecho social al que el hombre está ligado y que no puede ignorar, precisamente, cuanto más culto es. El desarrollo espectacular de todos los campos de la ingeniería, es un componente de esencia netamente humana.

A su vez, el profesor Charles. Delapierre [6] nos dice lo siguiente.

"No hay duda que todo oficio técnico no es mas que una serie de hábitos indispensables; la actividad de cada día debe ser segura y rápida; no requiere del espíritu. Mejor dicho, perdería si pensara, pues pensar es una ocupación que lleva tiempo y abunda en digresiones.

El aspecto intelectual de la técnica se ignora; aparece sólo como una rama desatendida, que muere al petrificarse. La pila atómica, hoy todavía en manos de los sabios, estará pronto bajo el dominio de los capataces [7] El electricista de nuestros días sucede a los grandes nombres de Ampere o Faraday. Pero la inteligencia técnica siempre reaparece. La creación en la técnica es una cosa sutil; la mayoría de las genes no la perciben, y la buscan donde ya no está".

Y más adelante agrega:

"Las ideas esenciales del pensamiento técnico deberán también ser consideradas como interesantes en sí mismas. Es increíble que el hombre culto del siglo XX continúe ignorando los elementos de la civilización técnica, que es su civilización"

Nada mas justo y cierto en estas ideas, que constituyen un homenaje a la ingeniería como profesión. La producción industrial, mecánica y aparentemente simplista, oculta la búsqueda previa intelectual, que son los desarrollos y los proyectos de la ingeniería, que es la técnica viva. Lo que ocurre, es que la gente busca la intelectualidad allí donde la intelectualidad ya no está presente porque cumplió su misión.

Todas estas reflexiones, que abundan por doquier y emanan de mo-

---

6 *La Educación*, por Charles Delapierre, editado por L'Education Nationale", 1957, París, Francia. La traducción la editó la Unión Panamericana, en Washington, Estados Unidos de Norteamérica.

7 Esta afirmación, escrita en 1957, es hoy una realidad bien visible en las centrales nucleares de generación eléctrica.

dernos pensadores, nos inclinan más y más a incluir a la técnica como un componente de la cultura, Pero hay más. La historia de la ingeniería está fuertemente vinculada con la historia del hombre y el desarrollote su cultura. A propósito de esto, escuchemos al profesor inglés R. G. Riley [8].

"No podría criticarse la importancia que hoy s le otorga a la educación técnica. Nunca se ha apreciado en su totalidad el inmenso valor del hombre en su calidad de artífice, a pesar de que los caminos de la historia han sido trazados más por él, que por el pensador. Para ello, es deber de los historiadores señalar a la sociedad humana la forma en que los cambios tecnológicos la han afectado en su desenvolvimiento"

Otro párrafo de interés es el que sigue.

"Demasiado a menudo, el historiador que se detiene en la Grecia Clásica solo ve en ella sus batallas, su literatura, su arquitectura y su teatro, e ignora la explotación de sus metales, la fabricación de sus monedas, su planeamiento urbano y la producción de alimentos. La historia de Roma es fuente inagotable de ejemplos de interdependencia de políticos y técnicos. El historiador debe llamar la atención hacia sus técnicas mineras, hacia el desarrollo de sus medios de transporte, hacia el crecimiento de su comercio y de su técnica administrativa"

1.4. BREVE REPASO HISTÓRICO

La formación profesional del presente es un sustituto moderno y progresista del sistema de aprendizaje medieval. El aprendizaje nació de las relaciones del hogar, en que el artífice enseñaba al aprendiz un oficio y lo trataba como si fuera un padre. El sistema de aprendizaje conservó estas características básicas hasta el advenimiento de la primera revolución industrial.

Las primeras leyes judías establecían la responsabilidad del padre de enseñar los oficios a su hijo. El Talmud decía: *"Así como es responsabilidad enseñar a tu hijo la Ley, enséñale un oficio. Aquel que no le enseña un oficio a su hijo lo prepara para ser ladrón".*Del Código de

---

8   *Education today,* por G. Riley, Londres, 1957, traducción en documentos de la UNESCO.

Babilonia, 2250 a C, se desprende que era responsabilidad del artífice adoptar un hijo y enseñarle un oficio artesanal. Los primeros contratos de aprendizaje en Egipto, hasta el año 18 a.c, se referían al tejido, construcción de clavos, estenografía y costura. Esos contratos establecían la enseñanza de moral, religión, educación física, educación general y la enseñanza de los misterios del oficio.

Como consecuencia de la expansión industrial y comercial, en el siglo XII comienza a surgir en Europa y Asia un núcleo de ciudades industriales. En esos centros se establecían artesanos con el objeto de producir artículos de consumo. Cuando el número de estos artesanos era considerable, se organizaban en gremios obreros de la misma especialidad. Los grupos gremiales establecían ciertas normas para el ejercicio de la profesión. El único camino para el ingreso a un oficio era el del aprendizaje. Por lo regular ese aprendizaje se realizaba en la casa del artesano, en donde trabajaban los aprendices. Los artículos producidos eran vendidos por la familia del artesano, principalmente por su esposa e hijos. Los aprendices no tenían ningún derecho, gozando apenas de protección, alimentos y alojamiento. Después de cierto tiempo los aprendices eran promovidos a la condición de compañeros, gozando de ciertos privilegios. Su promoción dependía principalmente de la ejecución de algún trabajo importante o de valor. El número de aprendices era limitado y la selección se hacía por concurso. En algunos casos, para ingresar al aprendizaje se pagaba un tributo al rey. Los gremios mantenían un control fiscalizador sobre el aprendizaje industrial y la producción. En muchas ocasiones determinaban la calidad y tipos de materiales que se iban a utilizar en la producción de los artículos. En Inglaterra, con la aprobación de la Ley de pobres de 1601, se hizo obligatorio que los guardianes de la iglesia enseñasen un oficio a los niños de la región.

Con el correr del tiempo se hicieron modificaciones a este tipo de aprendizaje, y encontramos que con la invención de la primera caldera a vapor, en Inglaterra, en 1705, surge un nuevo período para el aprendizaje industrial. Aparecen una serie de inventos industriales y la máquina pasa a ocupar un lugar de primera magnitud en las industrias manufactureras. La producción es realizada por tareas y operaciones, y como consecuencia de ello comienza la práctica de la división del trabajo. La competencia de los trabajadores se torna aguda y las industrias comienzan a procurar mano de obra barata. Los propietarios de fábricas reclutan menores en gran escala. La alimentación y las condiciones de trabajo de los menores son deplorables. El índice de mortalidad se hace muy alto. Como consecuencia de esta situación, en Inglaterra el Parlamento aprobó en 1802 la *factory act*, que establecía 12 horas de trabajo diario para los menores y exigía enseñar a leer, escribir y cálculo. Los propietarios consiguieron la derogación de esta ley en 1814. En 1824 se establece en Londres el Instituto de Mecánicos bajo la dirección de Birkbeck. Instituciones similares a ésta se establecen en Estados Unidos de Norteamérica con una matrícula total de 25000 miembros. En 1830, lord Ashley luchó para que se aprobase una ley similar a la anterior, pero fue derrotado.

Variadas situaciones se siguen produciendo en Inglaterra, mientras que en 1674, en Estados Unidos de Norteamérica, en el estado de Massachussets, se aprueba la primera ley que obliga a todos los pueblos de más de 50 casas a contratar un maestro para enseñar a los niños de la comunidad. En Francia se fundó, hacia 1648, la primera academia de escultura y pintura.. En 1747 se establece la primera escuela de ingenieros de puertos y carreteras. En 1795 se organiza el famoso Politécnico. Los franceses consideran a la escuela profesional, el único medio para adiestrar peritos y técnicos industriales.

En 1868 el gobierno ruso, ante la necesidad de ingenieros prácticos, entrega la responsabilidad de adiestrar a ese personal a la Escuela Técnica Imperial de Moscú. Su director, **Víctor Della Vos**, concluyó que el sistema de aprendizaje medieval era un proceso lento y de pocos resultados. Como consecuencia de ello estableció los talleres de instrucción manual y le entregó la responsabilidad de cada taller, a un instructor. Por el método analítico determinó los ejercicios básicos de cada serie metódica. El plan de Della Vos fue un éxito completo. En la exposición de Filadelfia, en 1876, Della Vos mostró su sistema de enseñanza de oficios por medio del análisis. Los norteamericanos y europeos copiaron su sistema, y podemos afirmar que la educación técnica moderna, todavía conserva muchos de los principios de Della Vos. Más adelante en este mismo texto, trataremos algo más sobre las llamadas *series metódicas*.

En cuanto al desarrollo en Argentina de las escuelas industriales por una parte, y las de Artes Oficios por otra, puede verse el trabajo de J. Gómez Araujo [9] .

---

9 *Aprendizaje y educación*, por J. Gómez Araujo, editado por El Ateneo, Buenos Aires, Argentina.

LA EDUCACIÓN TÉCNICA SUPERIOR

1.5. EDUCACIÓN Y TRABAJO

Concluyendo la etapa del nivel secundario comenzamos a ser adultos, de *hacernos cargo* de nosotros mismos y luego de otros que constituyen con el tiempo nuestras familias. Iniciamos nuestra *incorporación* a la sociedad. Es el momento de trabajar, en relación de dependencia, por cuenta propia o bien estudiar. Si hemos decidido esta alternativa, es importante la asistencia de profesionales de la Orientación Vocacional, que ayudan a *identificar* y *relacionar aptitudes* y *actitudes* amigables con las áreas de actividades que nos atraen y en las que tenemos capacidades.

Consideramos relevante priorizar la *vocación* en la elección de los estudios que se abordarán, sobre eventuales demandas que garanticen salidas laborales en el momento de la decisión. No perdamos de vista que las demandas son *fluctuantes* y tienen variaciones a lo largo del tiempo que insume una carrera. Adoptaremos una decisión que abarcará nuestra vida y las razones personales deberían prevalecer. Es importante tener presente que el nivel de educación incrementa las oportunidades laborales, como lo demuestran los índices de empleo.

Recomendamos averiguar claramente los campos de actividades de las carreras que nos atraen. Saber *que se va ha hacer* es más importante que saber *que se va ha ser*. Estas informaciones deben relacionarse –para efectuar la elección– con las inclinaciones vocacionales, reconocibles por medio de reflexiones en algunos casos asistidas por expertos. Deben comenzar por el relevamiento de los antecedentes y trayectoria de las entidades educativas y continuar con el estudio de las informaciones que nos brindan sobre las carreras y modalidades de cursado.

También son crecientes las decisiones de comenzar a estudiar –por parte de interesados con sus vidas organizadas– luego de varios años de concluidos los estudios secundarios. Las razones se hallan en la necesidad de actualización de los conocimientos y de su mejora para *retener o reinsertarse* en sus trabajos. En estos casos el estudiante tiene la necesidad de repasar sus conocimientos básicos y la ventaja de haber adquirido la disciplina del esfuerzo, imprescindible para estudiar y trabajar. Estas situaciones también determinan decisiones para seleccionar *cursos de capacitación*, con duraciones menores que los hacen más accesibles.

Puede estudiarse en las *Universidades Estatales o Privadas* o en los *Institutos Superiores*. Estos funcionan sostenidos por el *Estado Nacional, los Estados Provinciales, por la Ciudad Autónoma de Buenos Aires, por Sindicatos y Gremios y por Organizaciones No Gubernamentales* en las veinticuatro jurisdicciones de nuestro país. Ofrecen carreras cortas –con duraciones de tres años– que en algunos casos permiten –al concluirlas– abordar carreras de *grado universitario*. Los Institutos dependientes de la Ciudad Autónoma de Buenos Aires son denominados *Centros Educativos de Nivel Terciario,* y funcionan con las mismas modalidades que en todo el país.

Los títulos de las carreras aprobadas por las autoridades correspondientes tienen el carácter de *oficiales* y validez nacional. Las carreras pueden completarse en general en tres años y sus actividades –desarrolladas en horarios vespertinos y nocturnos– permiten *trabajar y estudiar*. También hay posibilidades de acceso a la educación superior para quienes han cumplido 25 años –de acuerdo con lo dispuesto por la Ley de Educación Superior– superando pruebas de admisión, cuyos detalles deben consultarse en las distintas entidades educativas.

El *egresado* de Institutos Superiores enfoca su futuro a partir de diferentes alternativas. Una *primera* es el desarrollo y creación de una empresa o microemprendimiento para la producción de bienes y servicios. En algunos casos deben *matricularse* en diversos organismos o colegios –pertenecientes a las jurisdicciones correspondientes– para prestarlos. Una *segunda* es el empleo en relación de dependencia, estatal o privada. La *tercera* posibilidad, con requerimientos en aumento, es la de seguir estudiando a partir de las bases adquiridas. En muchos casos se combinan estas decisiones con la *necesidad* de *continuar* trabajando.

En estos casos es recomendable consultar si el Plan de Estudios de la carrera seleccionada ha sido *articulado* con alguna carrera de *grado*, como son llamadas las universitarias. En estas situaciones deben cumplirse con las tramitaciones establecidas en la universidad donde continuarán los estudios. Si no se hallan previstas articulaciones, puede gestionarse el reconocimiento de asignaturas por *equivalencias*.

Para aprobar una materia por *equivalencia* con otra, contenidos e intensidades de ambas son comparados y se adopta la decisión corrientemente cuando se registran coincidencias del 75%, conjuntamente con el reconocimiento de las actividades de los institutos de origen. Para efectuar estas tramitaciones deben presentarse comprobantes oficiales –emitidos por las instituciones originarias– donde consten las aprobaciones y restantes informaciones de las materias para las cuales se solicitan aprobaciones por equivalencia.

Las necesidades de trabajar extienden las duraciones de las carreras por la falta de tiempos necesarios para cursarlas regularmente. En estos casos es recomendable planificar los esfuerzos teniendo informaciones sobre las *correlatividades* entre distintas asignaturas, que establecen las necesidades de *regularidades* y *aprobaciones de finales* previas entre una materia y otras precedentes para cursarlas o rendir sus propios *finales*.

El enorme y creciente desarrollo de los conocimientos en todas las áreas hace indispensables actividades formales e informales para el sostenimiento y mejoramiento de las capacidades adquiridas en las carreras durante toda la vida activa. Entre las formales podemos distinguir los denominados *cursos de actualización*, desarrollados por universidades, institutos, empresas y sindicatos, a cargo de profesionales en actividad que *actualizan* nuestros conocimientos.

Las actividades informales, directamente a nuestro cargo y organización, constituyen la *educación permanente personal* directamente relacionada con consultas a colegas, Internet, lecturas de libros y revistas de nuestra actividad. La asistencia a conferencias, reuniones, talleres y seminarios en Entidades Profesionales, Industrias, Sindicatos, Organismos de Gobierno y ONG forman parte importante de estas acciones para la actualización de nuestros conocimientos.

Debemos tener en cuenta que una carrera corta ocupa un período medio del orden de los tres a cinco años y la vida media de una profesión puede estimarse en cuarenta. Sin actividades de *aprendizaje permanente* en un período no mayor a los cinco años comenzamos a aislarnos de las actividades para las cuales adquirimos competencias y a tener deficiencias en el desarrollo de nuestras tareas. Estas situaciones se contemplan en algunos países con sistemas de *reválidas de conocimientos* aplicados a controlar actividades que afectan la seguridad y los bienes de la población.

Un profesional se transforma en un *estudiante graduado* situación que asumida le permite incorporarse sistemáticamente al desarrollo de actividades para su *actualización permanente* que lo mantiene constantemente actualizado en la tecnología de sus áreas de actividades. Y sostiene la permanente y necesaria relación entre la *educación* y el *trabajo*, íntimamente vinculados a una tecnología en desarrollo permanente.

1.6. LA TAREA DE ESTUDIAR

1.6.1. Las comunicaciones

Las modernas tecnologías de imagen y sonido afectan el hábito de lectura en todos los países. La cantidad de libros leídos por año se halla en disminución. Las comunicaciones se han incrementado por medio de internet, de los mensajes de texto de los celulares y han ido postergando los hábitos de la lectura. Esta situación ha generado un empobrecimiento generalizado del lenguaje en sus distintas manifestaciones. Y esto tiene una estrecha relación con nuestra capacidad de *comunicarnos*, de *trabajar en equipo* y de *estudiar*. El ejercicio de la lectura incorpora términos a nuestro lenguaje y hace posible que nuestros pensamientos se desarrollen con claridad y adquiramos capacidades para expresarnos e interpretar las comunicaciones que recibimos. Destacamos la importancia creciente de las imágenes, que aumentan los volúmenes de información transferidos –en general con fines descriptivos– sin análisis comprensivos que se completan por otras vías.

El lector no tiene acceso a la mente del autor, sino a las palabras escritas –previamente conocidas– que expresan su pensamiento. Por medio de ellas interpreta las ideas en transferencia. De igual forma los alumnos acceden a la *primera* etapa del aprendizaje –la recepción de los conceptos dados por el profesor– en la cual comprenden parcialmente ideas, que luego completan en la *segunda* para incorporarlas. Esta *etapa* se desarrolla en lapsos de tiempo similares al empleado en impartir los conocimientos por el docente. Esto tiene como significado directo que *cada hora de clase* requiere para que *incorporemos* los conceptos en transferencia –como idea general– de una *hora de estudio* en la manera descripta. Naturalmente, la tenemos que hacer en un lugar que nos permita concentrarnos.

La menor capacidad de lectura se asocia en forma directa a una menor de *comprensión* y de *fijación* de los conocimientos y a la disminución de la *capacidad* de estudiar. Resulta recomendable la adquisición de este hábito, como importante herramienta, en quienes han asumido esta actividad.

Es creciente la demanda de conocimientos de lenguas extranjeras, que permitan comunicarnos en otros idiomas. Esta situación está relacionada con el crecimiento del intercambio en general entre todos los países del mundo. Los requerimientos incluyen saber leer, escribir y hablar fluidamente por lo menos otro idioma. Esta situación local tiene sus correlatos en otros países donde no se puede avanzar a partir de determinado nivel del Plan de Estudios si no se rinden pruebas de aptitud en el manejo de una lengua adicional a la materna. Es recomendable incluir entre las ocupaciones de los estudiantes el estudio de una lengua externa, para lo cual resulta aconsejable conocer correctamente la propia. Las formas de adquirir los conocimientos de otra lengua son numerosas y necesitan de constancia a lo largo del tiempo.

La tarea de estudiar es esencialmente un *acto personal*, estimulado y enriquecido compartirse con *otros*. Esto permite el esclarecimiento de los temas que luego de comprendidos primariamente, ven favorecidos su *fijación* por el intercambio de opiniones en grupos constituidos por *afinidad* de caracteres. Estas tareas también favorecen el desarrollo de los hábitos de *trabajo en equipo* imprescindibles en los ámbitos laborales, por las necesidades de organización para distribuir las tareas y alcanzar el cumplimiento de programas. Las capacidades de trabajar en equipo son valorizadas por las empresas porque están directamente relacionadas con la *efectiva integración* a un proyecto, del personal que se va incorporando en los distintos niveles. Esta etapa requiere lapsos de tiempo que varían de meses a años según el tipo de emprendimientos y llegan a constituir parte importante de los costos empresariales. Al margen de los costos los tiempos de integración se asocian a la capacidad de *respuestas* de las empresas y a sus posibilidades de competir en los distintos medios nacionales e internacionales. Todas estas razones sostienen la importancia de desarrollar las actitudes y las aptitudes en el alumno del *trabajo en equipo*, tan importante como los conocimientos.

Las tareas de transmisión y recepción del conocimiento, comprendidas en los procesos de enseñanza y aprendizaje, deben preservar los *conceptos*, y sus *fundamentos básicos*. La percepción de un concepto siempre es precedida de la primera etapa de asimilación de informaciones –asociadas con dudas– en forma sensorial e intelectual, que permiten establecer las relaciones entre *causas y efectos*. En esto hay una clara diferencia con lo que podemos denominar *recetas*, que son una enumeración de pasos con escasos –y a menudo sin– fundamentos. En los *Planes de Estudio* existen las materias denominadas *básicas*, que suministran los fundamentos –teóricos y prácticos– de las aplicaciones. Esto son los *conceptos* sobre los que desarrollamos nuestra comprensión de las aplicaciones y sobre los cuales –en el futuro– nos deberemos actualizar por las actualizaciones que renuevan permanentemente la compresión de la realidad Se denominan asignaturas *aplicadas* las que enseñan las técnicas para *resolver problemas* a partir de los conocimientos conceptuales previamente adquiridos.

1.6.2. Como estudiar

Estudiar, tanto en el marco formal como en el informal, es un conjunto de ocupaciones para desarrollar nuestras capacidades a partir de afinidades e inclinaciones personales. Consignamos seguidamente las etapas para el estudio de una materia cualquiera en el marco de la educación formal. La *primera* la constituyen las lecciones y el material de apoyo suministrado por los docentes, siendo recomendable tener un *libro de cabecera* en cada asignatura.

Es conveniente estudiar a partir de libros, antes que de apuntes. Los libros permiten conservar y transmitir el conocimiento entre las generaciones, y atraviesan etapas para su producción que nos garantizan –sumadas al prestigio de sus autores– la calidad de sus contenidos. Los apuntes son documentos, en general no tienen autores responsables ni han tenidos etapas de revisión, que no reúnen estas condiciones y no resultan recomendables.

Debemos –en una *segunda etapa*– efectuar la lectura general, con resúmenes escritos, gráficos y esquemas sintetizando nuestras primeras comprensiones. En esta etapa adquieren importancia las *aplicaciones* de los conocimientos básicos a la resolución –a partir de *hipótesis* que deben verificarse– de *problemas* o *ejercicios*. Arribamos así a la *tercera etapa*, en la cual debemos aislar nuestros interrogantes a través de la formulación de las preguntas, que expresan nuestras dudas. La formulación de estos es una tarea progresiva y reflexiva que requiere concentración y tiempo.

En la *cuarta etapa* debemos hallar las respuestas en consultas con el docente, con otros compañeros o bien reflexionando –a partir de distintos puntos de vista– sobre la vinculación entre causas y efectos en las situaciones con dudas. Cuando hallamos logrado el conjunto de las respuestas habremos completado la etapa de la *comprensión* para lo cual es esencial haber aprendido las formas de *aplicar los conocimientos.* Constituyen apoyos importantes las *imágenes* y *gráficos* de las situaciones analizadas, como así también el acceso al desarrollo de fundamentos y etapas de ejercicios resueltos de la materia en estudio.

Debemos ahora completar la *quinta etapa,* dedicada a la *memorización* de informaciones y conceptos. Para esto es de gran utilidad continuar con las conversaciones y exposiciones cruzadas con otros estudiantes e ir confeccionando resúmenes progresivamente más concentrados.

Finalmente debemos abordar la *sexta etapa* relacionada con la organización de la *exposición,* tanto oral como escrita. Ambas requieren ejercitaciones y repeticiones propias de su naturaleza. El conjunto de estas *etapas* requiere un desarrollo que debemos –como es conveniente en cualquier tarea– programarlo en función de experiencias adaptadas a nuestras circunstancias.

Debemos evitar los *impulsos* de estudiar frenéticamente y en pocos días una serie de conceptos e informaciones porque normalmente nos conducen a resultados no apropiados. Tenemos que lograr concentrar nuestra *voluntad,* nuestra *afectividad* y nuestra *inteligencia* en el objetivo de *estudiar con eficiencia y eficacia.*

Estudiar requiere *dedicación, tiempo, esfuerzo y disciplina* –durante lapsos de tiempo apropiados– aplicados a una asignatura o tema cualquiera. Es conveniente por otra parte no superar la cantidad de veinte alumnos por docente para el desenvolvimiento *eficaz* de todas estas etapas y actividades.

1.6.3. Labores escritas y orales

Es recomendable la realización –por parte de los alumnos– de informes y resolución de situaciones, generalmente denominadas *problemas o ejercicios.* Las *expresiones escritas* esclarecen el conocimiento. Tienen un carácter más preciso que las orales y son de uso corriente en los ámbitos de trabajo para transmitir y recibir instrucciones, por lo que resulta de gran importancia el desarrollo de las habilidades personales de los estudiantes. Por estas razones la práctica de tener cada alumno una carpeta por asignatura es sumamente constructiva y aconsejable.

La confección de resúmenes escritos –efectivos para estudiar temas a partir de referencias básicas– permite profundizarlos conduciendo naturalmente a aislar los interrogantes a despejar. Estas tareas nos transportan naturalmente a la formulación de las preguntas cuyas respuestas conducen progresivamente a la comprensión de los temas.

Las *exposiciones orales* constituyen formatos que desarrollan las capacidades de transmisión de ideas y de la comunicación en general. La exposición de alumnos frente a sus compañeros es una práctica sumamente constructiva y debería ser programada como herramienta por los docentes en todas las asignaturas. Hay que recordar que el alumno se desempeñará en labores donde –permanentemente– se reciben e imparten instrucciones por vía oral, confirmadas por escrito. La *recepción* de informaciones emitidas por los niveles superiores se mejora con nuestra capacidad de comprensión y riqueza de vocabulario. La *transmisión* a niveles inferiores para su ejecución –a nuestro cargo– debe ser *precisa* para lograr sus objetivos.

La práctica de estas exposiciones acrecienta y enriquece nuestro lenguaje, tanto por la exposición misma como por las tareas previas necesarias: recopilación de antecedentes, resúmenes previos, organización de la exposición, desarrollo de los materiales de apoyo (grabaciones, gráficos, imágenes, power-point, sonidos). Estas tareas deben desarrollarse a partir del conocimiento de las herramientas (equipamientos) disponibles y del tiempo de desarrollo de la conferencia. Cuando las exposiciones son compartidas debemos asegurar la coordinación de la participación de los todos los integrantes del grupo.

1.6.4. La programación de tareas y el tiempo

La *organización* es necesaria para cualquier actividad humana y en particular para el trabajo y el estudio. Qué significado tiene la *organización* de una serie de tareas? El de haber establecido la relación entre el tiempo disponible y el necesario para la ejecución de las tareas, para realizarlas en el plazo establecido. Alguien conoce a quién no consulte un reloj varias veces por día? En los ambientes civilizados permite organizar las actividades y coordinarlas con nuestros semejantes. Estas consideraciones son el fundamento de la necesidad de desarrollar en el estudiante una actitud *organizativa* de sus tareas.

Esto lleva a la *programación* de actividades, hábito necesario para estudiar y trabajar, que desarrolla la puntualidad y la disciplina en el uso de los tiempos propios y ajenos. *Programar* un conjunto de tareas es identificarlas y luego establecer el ordenamiento de las secuencias de ejecución. Los *programas* deben adaptarse para considerar los cambios de circunstancias que las rodean, siendo más conveniente ajustar periódicamente un programa que carecer del mismo.

Estas consideraciones deben ser desarrolladas por los estudiantes que comienzan sus carreras. Deben *organizar su agenda diaria*, asignando tiempo a sus distintas actividades: trabajar, leer, mantenimiento y tareas de la casa, actividades sociales, atención de la familia, estudiar, divertirse, alimentarse y dormir. Y tantas otras como diversas según las personas. El tiempo dedicado a los viajes también es necesario tenerlo presente, por su importancia y complicaciones urbanas. En este relevamiento de ocupaciones, además deben adicionarse los tiempos asignados a las asignaturas en la institución donde asisten.

Este análisis practicado y ajustado permanentemente posibilita el aprovechamiento de los esfuerzos del estudiante y el acompañamiento –siempre necesario y estimulante– de su grupo familiar. Considerando como mínimo hay que asistir a un promedio de 24 horas semanales a clase y los tiempos requeridos por cada asignatura –en promedio habría que agregarle como mínimo ocho horas de estudio– tendríamos una necesidad básica de 32 horas semanales como necesarias para estudiar cualquier carrera. *Afrontarlas* con tiempos menores a los *necesarios* lleva a un progresivo abandono de los objetivos y explica el denominado *desgranamiento* de la matrícula. Tan importante y generalizado que algunas instituciones han desarrollado mecanismos de *retención*. Estas situaciones pueden abordarse planificando el estudio de la carrera en etapas, analizadas para minimizar los inconvenientes y proponerse el desarrollo de objetivos posibles.

La organización efectiva del estudiante para distribuir sus ocupaciones es la primera y más determinante etapa –por sus efectos– de sus actividades en una carrera cualquiera. *Estudiar* demanda esfuerzos y la misma disciplina que la de cualquier tarea por lo que resulta indispensable *organizar y programar* todas las actividades diarias.

1.7. LOS PLANES DE ESTUDIO

Cada carrera debe estar autorizada por la jurisdicción correspondiente y tener su Plan de Estudios. En estos documentos se definen objetivos, perfil del graduado y las tareas para las que habrán obtenido sus competencias profesionales. El Plan de Estudios, que debería actualizarse en períodos no mayores a diez años, contiene todas las *asignaturas* o *materias* que integran la carrera.

Es recomendable que los estudiantes lo conozcan por medio de la explicación general de sus contenidos *antes* de comenzar sus actividades. En todo Plan hay *asignaturas básicas generales y aplicadas*. En todos hay un conjunto de asignaturas relacionadas verticalmente –además de las vinculaciones horizontales respectivas– que constituyen su columna vertebral. Cada asignatura tiene consignados sus *contenidos mínimos*, que son los que desarrollan los docentes en los *programas anuales o cuatrimestrales* en la cantidad de horas previstas.

Estos deberían ser presentados y comentados por todos los docentes en el comienzo de las actividades del ciclo anual o cuatrimestral, como paso inicial en la organización de las actividades de cada curso. Adicionalmente se citan las *bibliografías básicas* y de referencia que deben actualizarse periódicamente. Los enfoques utilitaristas que intentan vincular cada conocimiento con una aplicación práctica inmediata no resultan apropiados, dado que la finalidad de los planes de estudio son las formaciones de tipo general en un área determinada, que luego se desarrollan específicamente en las áreas donde *sucesivamente* trabajan los egresados.

Estos se transforman en *especialistas* en los casos que permanecen tiempos prolongados en las mismas tareas. Las asignaturas *básicas* suministran los fundamentos de las aplicaciones propias de la carrera. Las *aplicadas* transmiten los conceptos que permiten gestionar y administrar situaciones propias de los campos de las distintas carreras. Las *generales* brindan conceptos generales que vinculan la especialidad la carrera con las actividades periféricas a las cuales brindará servicios el futuro egresado. Son de gran utilidad para ampliar la visión del futuro profesional en los distintos campos del conocimiento. La cultura general es recomendable en cualquier ocupación y es un objetivo apreciado por todos y por los docentes y estudiantes por mejorar la *comunicación* en general.

Las asignaturas *básicas* de las tecnicaturas *relacionadas con la ingeniería*, merecen algunas consideraciones. Es el grupo integrado por *física, química y matemática*. Investigaciones relacionadas con el tema en países desarrollados han revelado dificultades –visibles en nuestro medio– en los procesos de enseñanza de estas asignaturas en los niveles primarios y secundarios, en especial en este último.

Generalmente los inconvenientes se hallan asociados a la desvinculación de quienes enseñan estas asignaturas con su aplicación en la vida cotidiana. Lo que transforma a las clases y a los denominados *problemas* –en realidad son ejercitaciones que analizan situaciones– en verdaderas angustias por la falta de relación percibida por el alumno, entre lo que se enseña y la realidad circundante.

Este tema ha sido tomado –en el año 2008– por el propio Ministro de Educación de nuestro país convocando a científicos para mejorar y estimular la transmisión de conocimientos sobre ciencias naturales en los colegios secundarios. Creemos que es el *principio* de un buen camino a recorrer, en sintonía con la necesaria comprensión básica de los fines de la física y de la química, que son las que establecen las relaciones entre *efectos y causas* en las distintas transformaciones cotidianas. Por supuesto con el auxilio de la herramienta matemática que es el lenguaje de las ciencias en general.

La formación en estas asignaturas en los niveles secundarios de la enseñanza, en la actualidad y en nuestro país, es generalmente insuficiente, lo que es reflejado por los resultados de los exámenes de ingreso existentes a las universidades. Es una dificultad salvable con la toma de conciencia y la voluntad y el esfuerzo de autoridades, alumnos y docentes.

1.8. LOS INSTITUTOS Y LAS CARRERAS

El origen de los Institutos Superiores se ubica en 1980, siendo incorporados a nuestro sistema educativo por la Ley 24521 de Educación Superior (Título III, Artículos 15 al 25), promulgada en el 1995 que suministró el marco jurídico a los Centros Educativos de Nivel Terciario que funcionaban en esa época.

Cada una de las 24 jurisdicciones nacionales formó sus propias estructuras, destacándose el desarrollo de algunas, entre ellas la de la Provincia de Buenos Aires, donde la Dirección de Educación Superior, de la Dirección General de Escuelas (Ministerio de Educación de la Provincia) conduce un sistema de Institutos de Educación Superior de tres tipos. Los Docentes, con finalidades de formación propios de su nombre, los Técnicos y los Mixtos, que tienen ambos objetivos. Todo lo anterior respaldado por la Ley 13688 de Educación Técnica Provincial promulgada en 2007. Parecería aconsejable estudiar en el futuro la división de los institutos por la naturaleza de sus objetivos y carreras, respondiendo con la oferta educativa a la demanda y a los análisis prospectivos de cada región. Se adjunta como anexo al final de la obra la nómica de carreras ofrecidas en el año 2009.

La cantidad de Institutos Superiores, en todo el país, supera actualmente el número de 1900, de los cuales 900 se encuentran volcados a la educación técnica profesional con una cantidad de alumnos del orden de 300.000. Los hay estatales y de privados en proporciones similares. Por otra parte existen Escuelas de Capacitación gestionadas por sindicatos o empresas estatales y privadas. Un panorama de la Educación Técnica Profesional de la Provincia de Buenos Aires –según las definiciones contenidas en la Ley respectiva– se encuentra al final de la obra

Las necesidades edilicias de la educación en la Argentina son de antigua data y se verifican en todos los niveles incluido el superior. La *necesidad inicial impostergable* en cualquier nivel de enseñanza la constituye tener una edificación con comodidades apropiadas para todas sus necesidades: oficinas para la dirección y administración, bibliotecas, laboratorios, talleres, aulas, depósitos, archivos, salones de usos múltiples, patios y sanitarios con dimensiones y en cantidades apropiadas a las actividades. Este problema se está comenzando a reconocer y a encarar aunque falten programas que permitan visualizar su solución en el corto plazo. Estas carencias se suman a la de equipamientos apropiados, para estudiar y poder ejecutar investigaciones aplicadas, que por otra parte entran en obsolescencia rápidamente por el ritmo de la transformación tecnológica que estamos viviendo.

Desde el año 2006 se halla en marcha el Instituto Nacional de Educación Técnica (INET), organismo del Ministerio de Educación Nacional, quien administra los denominados Planes de Mejora Continua que aplican anualmente un porcentaje del Presupuesto Nacional a la Educación Técnica Profesional. El porcentaje establecido legalmente es el 0,2% del total de ingresos corrientes del Presupuesto Nacional Consolidado del Sector Público Nacional..Superando inconvenientes estos planes comienzan a hacer efectiva la presencia del Estado Nacional en todas las jurisdicciones, en la provisión de herramientas necesarias para la educación técnica profesional en los niveles Superior y Medio.

Para acceder a estos recursos las Entidades Educativas deben tener definido su Proyecto Educativo Institucional, que les brinda el marco para la tramitación en cada jurisdicción de proyectos elaborados anualmente a partir del mismo y presentarlos –para su evaluación y aprobación por parte del INET– en los formularios de los *Planes de Mejora Continua*..

1.9. LOS DOCENTES. EVALUACIONES Y LOS EXAMENES

En la Educación Técnica Profesional brindada en los Institutos Superiores es recomendable el desempeño como docentes –especialmente en las materias donde se enseñan aplicaciones– de *profesionales en actividad*. Son los que pueden brindar conocimientos actualizados y práctica de la gestión en la disciplina a su cargo.

Son los *profesionales en ejercicio* quienes se hallan al tanto de los últimos conocimientos y de sus aplicaciones a la resolución de las distintas situaciones reales pertenecientes a su área. Hacen prevalecer el *que* hay que enseñar sobre los *como*, pero en su desempeño realizan una verdadera transferencia de experiencias en el manejo de situaciones. En las materias denominadas *básicas* la presencia de los docentes clásicos tiene buen rendimiento, mientras que en las *generales* se necesitan combinaciones apropiadas para cada asignatura.

La acumulación de conocimientos se debe desarrollar en forma permanente a lo largo del año. Cada semana el estudiante debe sumar conocimientos y dudas que le permitan acceder a su comprensión por medio de consultas con sus compañeros y los docentes. Es conveniente sistematizar lecturas progresivas en cada tema, transitando de una primera etapa muy general a la profundización en secuencias que dependen de la asignatura. Porqué es importante señalar esta secuencia? Porque no es posible la apropiación de conocimientos en tiempos mínimos o restando horas al sueño como suelen intentar muchos estudiantes antes de los denominados exámenes parciales o finales.

Recordamos que la aprobación de los *exámenes parciales* se traduce en la adquisición de la condición de *alumno regular* en cada materia que habilita durante un período, para dar los *exámenes finales* cuya aprobación es la correspondiente a la asignatura. Las evaluaciones suelen ser orales o escritas, recomendándose ambas para estimular las capacidades de expresión por ambos medios.

Sugerimos practicar técnicas de *evaluación continua*, que acumulan evaluaciones parciales en cada actividad. Incorporando en ellas a las exposiciones orales y escritas, realización de carpetas con desarrollo de ejercicios, consultas, parciales y finales. Las evaluaciones culminan con notas que varían de 1 a 10, siendo suficientes 4 puntos para la aprobación. Dependiendo del Plan de Estudios y de los regímenes anuales o cuatrimestrales se organizan los programas de los *Parciales*, orientados hacia la comprobación de conocimientos de aplicación de las asignaturas y de los *Finales* que evalúan los conocimientos en general de la disciplina en cuestión. Finalmente es recomendable la formación de grupos de alumnos con veinte integrantes como máximo por docente.

1.10. EL USO Y LAS APLICACIONES DE LA PC

La irrupción de las PC ha modificado sustancialmente todas las actividades humanas, siendo de fundamental importancia señalar su carácter de *herramientas* de enorme utilidad para la comprensión, gestión y resolución de situaciones en todas las áreas del conocimiento. Algunas veces se difunden *sensaciones* que permiten suponer que con ellas es posible acceder a *todo* conocimiento y –además– *de inmediato,* Estas situaciones inducen a confusiones que debemos destacar y evitar. La *utilidad* para la aplicación y el acceso a informaciones tiene *límites* definidos por los conocimientos de quien se halla a cargo, relacionados con su experiencia o a la *historia de sus fracasos* como lo sostiene un conocido autor.

Por ello para aplicar un Programa para resolver problemas es necesario el conocimiento previo de los resultados probables con alguna aproximación. Adicionalmente es indispensable conocer a fondo las premisas e hipótesis básicas que fundamentan los desarrollos aplicados para *verificar* que se registran en las situaciones analizadas.

La *investigación* de temas por internet reconoce claramente los límites propios de la formación de quien las hace. El ser humano incorpora conocimientos en forma gradual, acrecentando en cada etapa un nivel que se incorpora a los anteriores adquiridos en tiempo pasado a través de procesos progresivos de estudios que demandan sus tiempos de maduración y reflexión.

Es interesante pensar como *investigamos* alguna información en general. Siempre encontramos necesario hacer un listado de personas en las cuales *confiamos* para requerirles una orientación inicial tan general o particular como sea nuestro conocimiento de un tema. Esas noticias nos brindan la oportunidad de ascender en el conocimiento de esa información para sumarla a nuestro saber. Estas actividades nos permiten las consultas a documentos, libros e informes, sobre los cuales siempre tenemos referencias sobre sus firmantes.

Cuando deseamos recorrer este camino en internet nos encontramos con algunas dificultades, dado que abordamos –en algunos casos– temas que no conocemos previamente, a través de opiniones sostenidas por fuentes generalmente desconocidas y no controlables previamente por referencias. Las razones anteriores indican algunas limitaciones a tener en cuenta en nuestras *investigaciones por internet*, que por otra parte tienen la ventaja de ofrecer acceso directo a un universo prácticamente sin límites –salvo los comentados– de informaciones de un tema cualquiera. Investiguemos y usemos la PC e internet, pero no olvidemos que es una *herramienta*, que debe estar a disposición de nuestra mente y no a la inversa.

En el campo de las *aplicaciones* las computadoras permiten aplicar programas que efectúan los cálculos derivados de los algoritmos más complicados. Esto nos conduce a que actualmente es posible efectuar el análisis comparativo, de las más diversas situaciones, de alternativas para analizar convergencias y conveniencias, lo que produce una mejora de la calidad de estudios que no dependen de las aproximaciones y gráficos de hace tiempo.

Esta situación ha originado la generación, en constante crecimiento de *programas aplicados* a la gestión del análisis en el dibujo, imágenes y aplicaciones a todas las áreas del conocimiento. Por otra parte se facilitan posibilidades que hacen posible el manejo y archivo de documentos e informaciones, haciendo factible la gestión en todos los campos de actividades. Finalmente, como es conocido, han agilizado y transformado las comunicaciones personales y empresarias en todo el mundo. Todos estos usos convierten al manejo de las computadoras el carácter de requisito necesario e indispensable en la *educación y el trabajo* en todas las áreas de actividades.

CAPÍTULO 2

LAS BASES EDUCATIVAS

2.1. VISIÓN PANORÁMICA DE LA EDUCACIÓN TÉCNICA PROFESIONAL

Para un mejor tratamiento del tema, vamos a iniciarlo mostrando a través de una tabla, como se presentan los oficios y profesiones que interesan a la educación técnica profesional –de acuerdo con sus concepciones tradicionales– relacionada con la producción de bienes y servicios por medio de las tareas vinculadas con las ingenierías en general.

PROFESIONES y OFICIOS EN EL MUNDO DEL TRABAJO

Nivel	DENOMINACIÓN	PERFIL PROFESIONAL APROXIMADO	TIPO DE CAPACITACIÓN
1	OPERARIO INDUSTRIAL, O DE OBRAS, O AYUDANTE	Trabajos bajo directivas totales, que requieren solo aptitud física, predisposición y ciertas habilidades menores	Breves explicaciones e instrucciones o curso breve de capacitación
2	OFICIAL CALIFICADO DE PLANTA U OBRA	Trabajos repetitivos que requieren ciertas destrezas manuales de oficina, taller, obra, o lugares de producción, con limitadas responsabilidades en los resultados.	Curso de Capacitación o Experiencia probada
3	OFICIO MENOR DE GABINETE	Trabajos repetitivos que requieren ciertas destrezas en informática, uso de instrumental, administración, con limitadas responsabilidades en los resultados.	Cursos Profesionales o Formación Profesional Específica
4	DIPLOMA DE TÉCNICO O SUPERVISOR	Trabajos bajo directivas completas recibidas de universitarios, en administración, cálculos, operación, instrumental, desarrollos simples, programación, controles, con cierta creatividad, y responsabilidades medianas.	Escuela de nivel secundario Cursos de 5 ó 6 Años
5	TECNICOS SUPERIORES	Capacidades, conocimientos, destrezas, valores y actitudes relacionadas con desempeños profesionales técnicos propios del contexto socio-productivo.	Sistema de Nivel Superior Carreras cortas
6	DIPLOMA DE GRADO	Operación, administración, gerencia, sistemas, bancos, clínicas, industrias, obras o áreas de entidades, con responsabilidades por los resultados y derecho a la habilitación para el ejercicio profesional legal en Argentina actual.	SISTEMA UNIVERSITARIO Carreras de grado
7	DIPLOMA DE GRADO, MAS UN MASTER O UNA ESPECIALIZACIÓN	Iguales responsabilidades que el Diploma de Grado, mas estudios profundos como para poder penetrar en una especialidad, o abordar proyectos con creatividad.	SISTEMA UNIVERSITARIO mas un Master ó Especialización y su Tesina
8	DIPLOMA DE GRADO, MAS UN DOCTORADO	Iguales responsabilidades que el Diploma de Grado, más estudios avanzados y metodología de la investigación, como para poder abordar proyectos altamente creativos, generar nuevos métodos y desempeñar cargos en educación superior.	SISTEMA UNIVERSITARIO más un Doctorado y su Tesis Doctoral

Esta tabla de clasificación, todavía tentativa, tiene similitud que la empleada en varios países europeos democráticos de política socialista, para determinar las escalas salariales.

La tabla, de mayor a menor, comprende los cuatro niveles principales en que generalmente se clasifica a la educación técnica:

- Laboral
- Técnico secundario o medio
- Técnico superior
- Universitario

En este punto conviene hacer un comentario acerca del tipo de alumno o cursante que concurre a cada uno de estos tres sistemas educativos

En el sistema laboral, sea de los Institutos de Formación Técnica, las Escuelas Técnicas, o los centros de capacitación de empresas o de los sindicatos argentinos, las personas que acuden a ellos tienen distintos objetivos y puntos de vista.

- **El obrero** que se anota en un curso de aprendizaje, capacitación o actualización de conocimientos por avance de las tecnologías, suele mostrarse algo confuso. Es probable que haga tiempo que concluyó su educación primaria (o tal vez no la pudo tener o completar) y existe en él, una actitud temerosa. Tiene una visión incompleta de la enseñanza y teme comportarse en forma inadecuada. Teme el papelón. Con este tipo de estudiante, hay que tener mucha paciencia para que venza las lógicas dificultades del inicio. Los problemas le parecen mayores de lo que en realidad son. Tiene cierta torpeza en sus movimientos. En las primeras clases, es casi imposible evitar el factor emocional, y al corregirlo se debe ser muy cuidadoso.

- **El estudiante de escuela media** viene de una primaria y las clases son para él, algo conocido. Tiene experiencia como estudiante. Quiere estudiar para tener un título con el cual entrar a trabajar, o para seguir en la universidad. Solo hay que cuidarlo en las primeras etapas de los talleres, para educar su mano poco acostumbrada a usar herramientas y órganos en movimiento.

- **El estudiante de nivel superior no universitario,** proviene del sistema secundario actualmente en crisis con importantes cuestiones que son necesarias superar para convertirlo en alumno regular y alcanzar su titulación. Los problemas se hallan vinculados esencialmente a las áreas de comunicación oral y escrita y a los conocimientos básicos de matemática y ciencias naturales.

- **El estudiante universitario** alcanzó, en algunos casos, un grado de madurez y de autonomía como para desempeñarse. También se observan problemas en las áreas de comunicación oral y escrita. Aunque es más auto regulado en sus actos, hay que perfeccionarlo en el uso de los elementos de laboratorio de alto costo o peligrosidad y en la disciplina del esfuerzo sostenido.

A cada uno de estos grupos le corresponde una legislación particular. La educación para estos niveles puede estar a cargo de:

- El estado
    El gobierno nacional
    Los gobiernos provinciales
    Los gobiernos municipales
- Los particulares
    Las empresas
    Varias empresas agrupadas
    Instituciones de bien público
    Colegios particulares
- Organizaciones mixtas
    Empresas con apoyo del estado
    El estado con apoyo de empresas
    Los sindicatos de trabajadores

2.2. DEFINICIONES CORRIENTES EN EDUCACIÓN TÉCNICA PROFESIONAL

Para entrar específicamente en el tema, vamos a comenzar por entregar una serie de definiciones, que todo docente de la educación técnica debe conocer y distinguir.

La educación

No es fácil, particularmente para los técnicos acostumbrados a la rigurosidad de la matemática, entregar una definición de educación. Un sociólogo francés, Gustavo Le Bon nos dice

"La educación debe tener por fin desarrollar ciertas cualidades del carácter, tales como la atención, la reflexión, el juicio, la iniciativa, la disciplina, el espíritu de solidaridad, la perseverancia, la voluntad, etc."

Un sociólogo como Durkheim afirma:

"La educación es la acción ejercida por las generaciones adultas, sobre las que aún no está maduras para la vida social".

El filósofo Kant, encerrando un concepto moral, expresa:

"El objeto de la educación es desarrollar en el individuo toda la perfección de que es susceptible"

El pedagogo René Hubert [10]

"La educación es el conjunto de acciones y de las influencias ejercidas voluntariamente por un ser humano sobre otro ser humano; en principio, por un adulto sobre un joven, y orientadas hacia un objetivo que consiste en la formación en el ser joven de disposiciones de toda especie correspondientes a los fines para los que está destinado, una vez que llegue a la madurez"

Esta definición surge, como lo explica Hubert, del análisis de los puntos comunes que se logra encontrar en la variada gama de definiciones que es dado obtener, y que en conjunto encierran lo siguiente:

1º La educación está limitada a la especie humana
2º Es la acción que ejerce un ser humano sobre otro, por sus conocimientos
3º Existe una finalidad, un objetivo, que determina el contenido de la educación.
4º Más que fines particulares, se buscan cualidades generales.

La pedagogía

Las mismas dificultades que aparecen para definir la educación, se encuentran para definir la pedagogía. Para muchos es simplemente:

"Un conjunto de normas, principios, técnicas, en concordancia con los fines de la educación"

Nosotros preferimos lo propuesto por René Hubert:

"La Pedagogía tiene por objeto elaborar una doctrina de la educación, a la vez teórica y práctica como la doctrina de la moralidad, de la que es una prolongación, y que no sea exclusivamente ni ciencia, ni técnica, ni filosofía, ni arte, sino todo junto y ordenado según articulaciones lógicas"

---

10 *Tratado de Pedagogía General*, por René Hubert, editorial El Ateneo, primera edición traducida en 1959 y sucesivas reimpresiones, Buenos Aires, Argentina.

Esta definición encierra una gran reflexión sobre el enorme contenido de la Pedagogía

La didáctica

Podemos definirla como:

"Un conjunto de preceptos, normas, reglas o principios que indican el contenido de la enseñanza, la forma de transmitir los contenidos y la dosificación de los mismos"

La didáctica dice entonces que es lo que hay que hacer, como hay que hacerlo y cuando. Usando un lenguaje de técnicos, *es la planificación de la enseñanza* Se trata entonces bastante de arte y mucho de técnica, ya que presupone un estudio de lo que se quiere obtener, para planificar como lograrlo. A la vista de los fines, la didáctica determina que enseñanzas debe comprender un curso y en que cantidad debe estar presente cada una, a la vez que establece la mejor forma de hacer llegar esos conocimientos al alumno. Para hacerlo, necesita también el auxilio de otras ciencias, como la sociología, la sociología, la lógica, la biología, etc.

En los tratados de la especialidad solemos encontrar a la didáctica dividida en dos:

a. La *didáctica general* que se ocupa de los asuntos generales, contenidos y métodos a emplear.

b. La *didáctica especial o particular*, que se ocupa del contenido y métodos que más se adaptan a una rama determinada de la enseñanza o a un ciclo dado.

La metodología

"Es el conjunto de procedimientos que deben aplicarse para alcanzar los fines de la enseñanza en forma directa y segura"

Es, entonces, una lógica práctica, un conjunto de métodos que por medio del análisis y la experiencia han demostrado que son los más convenientes. Estos métodos, es decir, la metodología, deben ser continuamente revisados en la educación técnica, para actualizarlos.

2.3. MODERNA PEDAGOGÍA PARA LA EDUCACIÓN TÉCNICA PROFESIONAL

No es sencillo establecer una pedagogía que está en pleno proceso de cambio y evolución. Pero sí es posible fijar algunas tendencias que orienten a profesores de educación media, instructores de capacitación y maestros de taller. La historia de la enseñaza técnica nos muestra una relación entre el humanismo y la tecnología. Por estas razones, siempre se aconseja formar técnicos culturalmente instruidos, conocedores de la historia de su oficio y servir a la sociedad. Las aptitudes técnicas y el ser culto, no son antagónicos. Por ello, tres son las ideas fundamentales a inculcar.

> Formación completa
> Formación actualizada
> Formación interesante

Desarrollamos estos tres factores.

Formación completa

La enseñanza técnica debe congeniar con la formación general. Las Instituciones Educativas deben equilibrar ambos componentes sin desmedro de ninguno de los dos. El exceso de técnica con carencia de cultura, forma seres extraños en un mundo para ellos incomprendido, pudiéndose convertir en peligrosos, al poner al servicio de fines indeseables, la técnica de que disponen. Inversamente, una cultura teórica predominante crea personas incapaces de entender al hombre humilde y a las tareas sencillas. Por ello, la formación completa debe tener en cuenta los siguientes factores.

a) **La enseñanza técnica debe desarrollar la personalidad del individuo**

En los técnicos y artesanos la inteligencia se orienta hacia las realizaciones prácticas, y esa orientación puede conducir a la anulación de otras formas de cultura, siendo ésta razón suficiente para que todo aprendizaje contenga una dosis de formación general. La profundización de la técnica debe ir acompañada de un deseo de servir tanto a la sociedad como así mismo. Cuidar que la automación no despersonalice al individuo.

b) **La enseñanza técnica debe evitar el empirismo**

Es necesario agregar una adecuada dosis de conocimiento científico, aunque pequeña, para que la profesión u oficio que se está aprendiendo, tenga un sustento que explique su razón de ser. Esto le otorga seguridad al alumno. Afortunadamente, tanto el técnico como el operario argentino, en general, gusta de saber porque se hacen las tareas manuales. No aceptan el empirismo ni el automatismo, y cuando se lo impone, pierden interés por lo que están aprendiendo.

c) **La enseñanza técnica debe integrar la teoría con la práctica**

La enseñanza teórica aislada de la aplicación práctica, no conduce a buenos resultados. El alumno egresado pasará a desempeñarse en tareas industriales, en obras o en la operación de servicios, consumando un encuentro con la realidad, que en muchos casos es bastante áspero. La escuela o el centro de capacitación deben atemperar el choque, preparando a la persona en forma gradual para que cuando se encuentre solo frente a una tarea, en un medio a veces hostil o aparentemente hostil, sepa asimilarlo. Muchas veces, el idealismo del maestro, profesor o instructor puede formar una personalidad pueril que sufre mucho en su primer empleo. La educación técnica debe inculcar en la persona adecuados estímulos, para enfrentar una tarea.

Formación actualizada

La enseñanza técnica, más que otras, debe acompañar el rápido progreso actual.

a) **La enseñanza técnica debe vivir el futuro**

Las condiciones pasadas suelen pesar mucho sobre la artesanía, los oficios y las profesiones técnicas, pero conviene saber hasta que punto se deben tener en cuenta. Las tecnologías camban con alta velocidad y hay que acompañarlas o sucumbir.

b) **La enseñanza técnica debe adaptarse a los contenidos locales y actuales del trabajo**

En gran cantidad de casos, los cursos y sus programas procuran imitar los contenidos y las particularidades de otras regiones u otros países. Cada región geográfica tiene sus necesidades, sus oportunidades de empleo y sus modalidades. Un mismo trabajo en grandes urbes puede ser algo distinto a una región del interior.

c) **La actualización debe comprender a los métodos de enseñanza**

Inútil sería mantener actualizados los planes de estudio y programas, si los docentes que los ponen en práctica no viven en sí mismos una constante renovación. La rutina es un obstáculo permanente y el punto de partida de todo estancamiento. Sin con ello ignorar el valor de la experiencia, es ya imposible desconocer a la investigación y el estudio de ideas nuevas.

Formación interesante

En este aspecto, debemos destacar los siguientes conceptos:

a) **La profesión como centro de interés y motivación del individuo**

Se sabe que en las carreras técnicas, el centro de interés del alumnado es la profesión o el oficio elegidos. Sobre esos elementos el alumno vuelca todo su entusiasmo y procura tener la satisfacción de experimentar progresos. El buen sentido del educador debe explotar ese entusiasmo y esa inclinación vocacional para moldearla, encauzarla y procurar que sea lo más útil posible. El gusto por el oficio despierta la curiosidad, y de esa voluntad de conocer pueden obtenerse buenos resultados.

La vinculación que el educador logre de todos los aspectos y materias del plan, con respecto a la profesión o al oficio, dará por resultado que el alumno encuentre interesante o no el curso. Los directivos, profesores e instructores deben estar perfectamente ubicados para hacer agradable la enseñanza. La vida académica debe girar alrededor de la profesión o el oficio. Ninguna materia debe dejar en el alumnado la sensación de que es innecesaria.

b) El taller es el centro de la actividad espontánea del alumno

El alumno de una entidad educativa siente placer por las actividades prácticas, porque interpreta acertadamente que allí está la esencia de la profesión que ha elegido. Si no siente ese entusiasmo, es síntoma que ha equivocado la carrera o curso elegido, y es obligación aconsejarlo para que cambie de curso.

Todas las materias o cursos, o explicaciones de aula, deben estar ligadas a los problemas prácticos, sobre todo lo referente a la matemática, la física y la química. Las aplicaciones prácticas dan material más que suficiente para hacer muy interesantes los temas teóricos. Y las de cultura general, inteligentemente conducidas, permiten desarrollar su finalidad sin ocasionar desinterés por parte del alumno. En definitiva, la enseñanza práctica encuentra en el taller y también en los laboratorios, un punto de apoyo para las actividades espontáneas del alumno. Asuntos o temas sobre historia, geografía, instrucción cívica o idioma castellano o inglés, deben ser condicionados al *centro de interés*

c) **Concepto integral**

Volviendo a René Hubert más arriba citado, leemos:

"El problema de la educación profesional es aún más complejo que el de la educación intelectual. Esta última trata de formar al hombre en lo que hay de general; la profesional de formar al técnico en lo que hay de especial. No solo la variedad de ocupaciones es enorme y cada una tiene su formación particular, sino que parece todavía que cada profesión parece tener un fin en sí misma. Principalmente por sus profesiones, por las diferencias de nivel intelectual y de nivel social en que se sitúan, los hombres se distinguen unos de otros"

2.4. LA EDUCACIÓN TÉCNICA Y SU RELACIÓN CON LA HUMANÍSTICA

Para un enfoque simplificado, vamos a recurrir a una tabla demostrativa como sigue.

	FORMACIÓN HUMANÍSTICA	FORMACIÓN TÉCNICA
Finalidades	Prepara para vivir con una mayor comprensión global de la vida	Prepara para desempeñarse en una ocupación rentada de tipo industrial o laboral
Materias que comprende	Materias generales de humanidades clásicas	Materias con conocimientos específicos relativos a una ocupación destinada a producir bienes o servicios
Personas a las que se destina	Alumnos de estudios secundarios y universitarios que siguen carreras no técnicas	Alumnos secundarios o personas que buscan capacitarse para posiciones de la industria o los servicios
Métodos de enseñanza	Puede utilizarse diversos métodos	Requiere métodos demostrativos, con desarrollo de hábitos y destrezas
Contenido	Asignaturas de contenido intelectual y espiritual	Asignaturas directamente relacionadas con un oficio o profesión
Costo y equipos	Comparativamente accesibles	Requiere elementos de consumo y equipos para talleres y laboratorios, por lo regular costosos
Edificios	Se puede impartir en un edificio adaptado, no necesariamente proyectado para esas funciones	Requiere edificios específicos, con estructuras especiales y disposición adecuada
Personal docente	Profesores con formación académica	Profesores, maestros de tallar e instructores, con experiencia en la profesión

2.5.- CONTENIDOS DE LA EDUCACIÓN TÉCNICA PROFESIONAL

Cualquier curso o carrera tiene sus contenidos. El acierto y éxito del curso depende de la buena elección de esos contenidos. Desde hace un tiempo, esos contenidos fueron tipificados por algunos investigadores a través de una simple fórmula aritmética, lo que facilita a los docentes, analizar en forma simple los cursos. La expresión es la siguiente:

$$E = M + T + A + J + J$$

Los componentes se identifican del siguiente modo:

E = *Eficiencia*
Se entiende por eficiencia a los resultados de un curso o carrera, valorados por medio del entusiasmo con que los alumnos cursan, la escasa deserción y la demanda que existe de sus egresados en los medios industriales, técnicos, empleos públicos y demás campos de trabajo para los cuales sirve el curso.

M = *Conocimientos manuales*
Son las destrezas manuales que caracterizan a una profesión u oficio. Deben ser muy sólidos en los cursos de tipo laboral, decrecer algo en los cursos de técnicos, y ser menores en los cursos universitarios. Son una serie de habilidades, hábitos o gestos profesionales que se aprenden por medio de un entrenamiento racional, científico y sistemático en talleres didácticamente apropiados. También, las habilidades para operar con la computadora y saber actuar con programas informáticos.

T = *Conocimientos tecnológicos*
Son los conocimientos teóricos que se necesitan para comprender bien las bases de los trabajos manuales, y poder ejecutar algo técnico o informático. Deben circunscribirse a lo necesario. En el caso de la enseñaza laboral estos conocimientos son mínimos, aumentando en los cursos técnicos y son superiores en los universitarios.

A = *Conocimientos generales*
Son una serie de enseñanzas que, sin ser de inmediata aplicación en el trabajo mismo, forman un fondo de cultura técnica que permite trabajar con la mayor seguridad. Pueden incluirse en este valor, los conocimientos humanísticos y de cultura social.

J = *Capacidad para juzgar*

Es la habilidad de un individuo para resolver casos que no fueron enseñados específicamente, el criterio para obtener mejoras de su trabajo y, en general, todo aquello que escapa a un tema de aprendizaje, pero que todo buen profesor o instructor, inculca en sus alumnos por medio del ejemplo cotidiano y el consejo adecuado.

P = *Condiciones personales*

Es la responsabilidad, seriedad en la ejecución de un trabajo, cumplimiento de los horarios y plazos de entrega, acatamiento a la disciplina colectiva, el mantenimiento de las relaciones humanas y otras cuestiones análogas que hacen y califican a una persona. Estas tampoco se enseñan sistemáticamente en la conducción orgánica del curso, pero se inculcan mediante el ejemplo intachable del docente, y una conducta colectiva de todo el personal escolar, que muestre al alumno las cualidades esenciales de una persona responsable.

CAPÍTULO 3

LOS ELEMENTOS DE LA EDUCACIÓN TÉCNICA

3.1. LA ORIENTACIÓN VOCACIONAL

La Organización Internacional del Trabajo, en Ginebra, Suiza, se ha interesado por la orientación vocacional, a la que ha definido del siguiente modo:

"La orientación vocacional es una ayuda aportada al adolescente en la elección de una profesión, que corresponda a sus aptitudes, su capacidad, sus preferencias, a su carácter, como a sus necesidades económicas probables, de manera de desarrollar la personalidad desinteresado, al sentirse satisfecho con su trabajo, a la vez que asegurar la mejor utilización de los recursos nacionales, de mano de obra"

La orientación procura, como se ve, ayudar a los jóvenes y también a los adultos, a elegir adecuadamente un curso o carrera. Toda persona tiene un conjunto de aptitudes y una cierta vocación. La carrera que debe elegir es necesario contemple ambos factores para dar por resultado un egresado satisfecho y, por lo tanto, un alumno que posee deseo de aprender, auxiliar de primera magnitud para el profesor.

La orientación vocacional comprende un adecuado examen del candidato a un curso, basado en entrevistas y pruebas, conducentes a detectar factores que hagan, estadísticamente, mínima la deserción y el fracaso del cursante. El Centro Argentino de Ingenieros de Buenos Aires, Argentina, ofrece un servicio de este tipo.

3.2 LAS ASIGNATURAS Y SUS PROGRAMAS

La enseñanza técnica debe procurar una adecuada coordinación entre todos los profesores e instructores de cada curso. La educación de técnicos, supervisores u operarios calificados, no conviene que imite a la solemne clase magistral de la universidad. Son objetivos muy diferentes. En la universidad, cada profesor tiene el derecho de dictar sus temas con sus propios criterios, y una cierta independencia de los restantes colegas. En la educación laboral, técnica o de capacitación, las reglas son otras. Pasaremos revista a las diversas asignaturas, comentando en cada una de ellas, las condiciones que percibimos.

Asignaturas técnicas

Llamamos de este modo a las que resultan indispensables para aprender los fundamentos de una profesión u oficio, y que permiten a una persona adquirir las habilidades que luego le permitirán, entre otras cosas, mantener una adecuada retribución por sus servicios o empleos. Son conocimientos específicos. Estas asignaturas son distintas en cada oficio o profesión, pero en todos los casos conservan ciertos perfiles propios y comunes que es nuestra intención comentar.

• El taller

El taller es la asignatura que enseña todo lo relacionado con el trabajo manual. Es la más importante en las escuelas laborales, y de valor significativo en las de nivel superior y secundario. Con los conocimientos de esta asignatura el alumno ejercerá su profesión u oficio a su egreso de la entidad educativa. Por esta importante y fundamental razón, las enseñanzas prácticas deben ocupar un lugar central. A pesar de su fin meramente utilitario, el taller tiene otras virtudes incorporadas.

Es necesario dejar sentado que *todo trabajo manual requiere de la acción de la mente y de la mano*. Se requieren unas pocas horas para *formar un maquinista*, pero en cambio se necesitan muchas más para formar un operario especializado, capaz de interpretar planos y ejecutar una pieza sin ayuda de sus superiores. La mente guía la mano, y sobre esta afirmación debe trabajarse en los talleres. Las horas asignadas al taller deben ser consideradas como horas de clase, de igual o mayor importancia que las restantes de un plan de estudios. Remarcamos esto último, porque en algunos medios docentes hay ocasiones en que se suele asignar a las horas de taller, un significado menor, como algo adicional. De esta equivocada interpretación, ha surgido un poco de olvido hacia la labor del alumno en los talleres y con ello, en muchos casos la disminución de las horas aplicadas a los talleres. También de estas apreciaciones ha derivado que al **profesor de práctica profesional** se lo sigue denominando **maestro de taller**, vocablo que proviene de la época de la educación artesanal, que hemos comentado en la evocación histórica. Si el profesor de práctica profesional descubre que al alumno no le agrada la tarea del taller, debe tomar inmediatamente las debidas providencias. Además, en el taller el alumno interesado trata de imitar la forma de trabajar del profesor, de donde se desprende que el docente debe haber practicado o estar practicando la profesión en su vida profesional. Por otra parte, en el taller es mucho más difícil obtener una buena disciplina general y una serie de actitudes frente a la higiene del trabajo y la seguridad, lo que reporta una forma de educación general para la vida. De todo esto se desprende que un profesor de práctica o maestro de taller, no solo debe ser seleccionado por sus aptitudes en el oficio o profesión específica, sino también por una serie de condiciones generales de gran valor formativo.

Es bueno recordar que todo oficio o profesión tiene *gestos* propios, que son movimientos, posiciones y otros detalles, que los caracterizan y que se enseñan en los talleres, usando las herramientas, utensilios y las máquinas propias de cada oficio. Es fácil de identificar a un soldador, un carpintero, un electricista y todo otro oficio, por la forma de tomar sus herramientas y útiles, y la forma de encarar los trabajos.

En cuanto a los programas de este tipo de asignatura, podemos citar a las llamadas *series metódicas*, que más adelante explicaremos. Consisten en una colección de ejercicios programados según un orden lógico de dificultades. Las series metódicas van acercando al alumno a la realidad de su futuro trabajo, evitando el natural choque que se sufre al pasar de alumno a profesional concreto., con sus rudezas y exigencias. Las series metódicas se enseñan acompañadas por material impreso como láminas, fotos, dibujos o esquemas, en que el alumno aprecia cual es la posición optima para tomar una herramienta, o actuar con una máquina.

- ## La tecnología

Es la materia (o materias) que acompañan al taller y se encargan de explicar el porque de las cosas. Es la ciencia y síntesis del trabajo y se apoya en conocimientos de matemática, física y química en dosis adecuada al tipo de alumno que se trate. En el taller el profesor o instructor describe, mientras que en tecnología, explica y se puede realizar fuera del taller. La tecnología tiende a ser *la ciencia del trabajo* y es una síntesis de la investigación y el ingenio.

La tecnología moderna tiende a dictar estas clases en un aula especialmente equipada, contigua al taller, en donde se encuentran los elementos didácticos para que el profesor se ayude. Por ejemplo, las propiedades de los materiales empleados, elementos vistos en cortes que muestran su interior, instrumental de medición, procesos de elaboración, formatos comerciales y otros detalles, y las herramientas y máquinas operadoras de la profesión que se enseña. Son clases activas y experimentales. En esta materia, es muy importante usar el mismo lenguaje que se usa en el taller, para denominar a las cosas.

- **El dibujo**

El dibujo es una lengua universal clara y precisa, que hace de intermediario entre el pensamiento abstracto y la acción real, aunque la forma de volcarlo en el papel ha cambiado su metodología. Podemos decir que aquella época en que se dibujaba apoyados en un tablero, con el compás, el clásico tiralíneas y la tinta china, ha concluido. Por lo tanto, para dibujar hoy en los asuntos técnicos, no se requiere habilidad manual, salvo para la hacer croquis a mano alzada.

El dibujo es el deseo de crear una cosa y la acción real. Es la representación de una voluntad creadora y del objeto que ha creado esa voluntad. Es el camino mínimo entre el deseo de crear una cosa y el objeto mismo, en donde se ha reemplazado el sentido estético por la normalización. Y la sistematización, sin que ello pueda negar cierto sentido estético mismo. El dibujo técnico es la mejor forma de transmitir una orden y un pensamiento, debiendo, por lo tanto, sacrificar muchas veces la estética. Suele ser un enlace entre la tecnología y el taller.

Si bien la técnica del dibujo se consolidó con el llamado "Método de Monge" creado por Gaspar Monge, que permite representar en un plano de dos dimensiones los objetos que son de tres dimensiones en el espacio, la perspectiva cónica permite *verlo* tal cual es, como en una foto. La *perspectiva caballera*, un poco más simple de dibujar, permite los mismos logros con menor esfuerzo materiales en el trabajo expresivo.

Pero el gran cambio vino con el empleo de la computadora en la delineación, que se lo conoce como **"Método CAD",** del inglés Computer Aided Design, diseño asistido por computadora. En la actualidad existen muchos programas de este tipo, conforme las necesidades de su empleo. En algunos casos, cuando estos programas se emplean para los diseños de fabricación, se los suele abreviar agregando la denominación CAM, de Computer Aided Manufacture, en la forma de escritura CAD/CAM.

Los objetivos más comunes del dibujo pueden clasificarse mediante la siguiente lista:

1. *Leer* planos y dibujos profesionales. Con ello deseamos indicar que el alumno debe poder interpretar con toda claridad lo que quiere representar un plano relacionado con un objeto o un trabajo.
2. Ejecutar bocetos, croquis, .Esto implicas saber representar sin ayuda de instrumento alguno salvo el papel y lápiz o bolígrafo, piezas o partes de un conjunto, a los efectos de recoger información junto a la máquina u obra, para usarla posteriormente en la oficina técnica, aún no teniendo el objeto ante la vista.
3. Saber transmitir una idea a otras personas, sean subordinados o superiores, para que ejecuten algo técnico o para informarlos de un asunto. Es el proceso inverso al de *leer* un plano
4. Ver e imaginar las formas geométricas en el espacio, y realizar con ellas operaciones mentales.
5. Crear nuevos objetos o productos, o imaginar modificaciones a los existentes, por medio de la ejecución de croquis que vayan componiendo una idea pedida o poco desarrollada.

- ## Las asignaturas de ciencias básicas

Llamamos así a la matemática, la física y la química, en dosis adecuadas a las necesidades del curso. En el nivel técnico, es necesaria una dosis, no así en el nivel de capacitación, en que solo se deben citar ciertas ideas de guía.

La física y la química deben dar al alumno de escuelas secundarias técnicas, los conocimientos fundamentales que intervienen en los procesos industriales y en las construcciones. *El elemento básico para recibir los conocimientos de física y química, son los laboratorios.* El laboratorio nos sirve para visualizar el orden de magnitud de los fenómenos y para comprenderlos acabadamente. Sin laboratorio, las ciencias básicas no se pueden enseñar y por ello el equipamiento es esencial en estas cosas. Tener una idea clara del orden de magnitud de las cosas, y las unidades que se emplean para los diversos fenómenos.

En ocasiones, desafortunadamente, los profesores por no ser técnicos sino licenciados o doctores en esas disciplinas, explican con un rigor científico inadecuado, y los ejemplos numéricos que presentan son imaginarios y carecen de realismo práctico. Para neutralizar este efecto desfavorable, es aconsejable hacer reuniones de docentes científicos con docentes prácticos, para situarlos en un plano realista. Particularmente, con lo que antes hemos denominado el *centro de interés* del alumnado. La enseñanza experimental con pruebas de laboratorio, es lo más adecuado para que el alumno visualice el fenómeno y el orden de magnitud que se emplea. Por esta causa, el equipamiento de laboratorios en una escuela técnica es muy importante.

La matemática es otra disciplina que se suele enseñar inadecuadamente, si los docentes no están compenetrados del *centro de interés* del alumnado. Los ejemplos numéricos, el profesor de matemática los debe extraer de los casos reales de la técnica, cosa que no siempre ocurre. Los asuntos del taller, son buena fuete para trabajar con cifras reales. Con la matemática, ocurre lo mismo que con la física y la química. En estos casos, no siempre el diálogo entre los profesores de las materia científicas con los maestros del taller, es lo suficientemente fluido.

- ## Las asignaturas culturales

Son las asignaturas no indispensables para el desempeño de un oficio o profesión, pero sí al ciudadano y ser humano para la vida de relación. La idea es **aprovechar el paso por las aulas, para agregar algo de cultura general,** sin afectar a lo específico, que es la técnica. Los métodos que citaremos, son los que hemos visto en países de alto desarrollo para este mismo propósito. La idea principal, como siempre, es que todo aquello que no es específicamente técnico, se enseñe motivado por lo que venimos llamando *el centro de interés*, el objetivo del alumno. Está plenamente comprobado que estas asignaturas no son tomadas con vivacidad por el alumnado. Aparece como un fastidio molesto que hace perder el tiempo y pueden causar deserción. Frente a estas dificultades, en algunos casos se recurre a eliminarlas, lo que no es positivo.

La solución es hacer de estas asignaturas, algo agradable a un alumno no predispuesto a aceptarlas, para lo cual hay que relacionarlas de alguna forma con el taller y la tecnología. Para ello es menester revisar los programas de estas materias, que en general sus profesores las dictan como lo harían en un bachillerato, lo que es completamente erróneo. También, es menester perfeccionar a los profesores brindándoles sesiones de capacitación, donde se les explique claramente los objetivos del alumno y de las carreras que siguen. Algunos docentes consideran que esta propuesta es una degradación de la cultura, pero lo que están sintiendo, es que lo obligamos a estudiar un poco de tecnología.

En general, se ha observado que los profesores de materias culturales no saben ganarse la voluntad de sus alumnos. Para este propósito, en varios países desarrollados, hemos visto llevar a los profesores de materias culturales a presenciar las clases de taller y motivarlos para que se interesen de lo que se hace en esos cursos. También, hacer visitas a industrias y obras, en donde las personas egresadas de los cursos, están aplicando lo que aprendieron en la escuela.

En particular al adulto, que suele frecuentar un curso de capacitación para aprender un oficio, o para actualizarse en nuevas tecnologías, el planteo que estamos comentando es más dificultoso, debido a que ha pasado en la vida el momento de cultivarse. Pero una adecuada preparación del docente salva esta situación, haciendo que el alumno perciba que su profesor de cultura, está a su lado en la vida y la entiende.

- **Los idiomas**

Tratemos primeramente el idioma nacional, que es el castellano [11]. Lo clásico es enseñar la analogía, la ortografía, la sintaxis, la lingüística y la etimología, en ese orden. Pero en una escuela técnica secundaria, este orden tiene sus inconvenientes. Las horas asignadas no son tantas como para enseñar todo ese conjunto, y el alumno termina por aburrirse en las clases.

Ocurre que el alumno de escuelas técnicas, al comenzar por la analogía, con el estudio de las palabras en forma aislada, el género y

---

11 *El idioma que hablamos en Argentina, es el CASTELLANO.* Está muy difundido decir que hablamos *español*, lo que no es enteramente correcto, por un error originado en el exterior de nuestro país. Idiomas españoles, que se hablan en el Reino de España, hay varios: el catalán, el vasco, el gallego, el aragonés y varios más. El vocablo CASTELLANO proviene históricamente del idioma que se habló en la región central de la península ibérica, la región de Castilla. Los nobles de ese entonces construían sus castillos como fortalezas para la defensa y para avanzar sobre lo que hoy son las regiones de Andalucía y Extremadura, tomadas por la civilización árabe, para recuperar esos territorios. De esa acción que demandó mucho tiempo, la de construir castillos, derivó el nombre del idioma que hablamos.

la declinación, crea un ambiente de pesadez y aburrimiento manifiesto. Sigue la sintaxis, más árida todavía. Pero paradójicamente el alumno se interesa más por la etimología y la literatura, que por todo lo anterior. El técnico, lo que más requiere es la ortografía y la redacción, y en esas fases el docente debe especular para mantener la atención y el interés. Además, el vocabulario técnico otorga muchas ocasiones de ejercitar el lenguaje, por lo que los profesores del idioma nacional, deben obligatoriamente interesarse por él, frecuentando el taller y conversando con profesores de tecnología, aprender muchas cosas del idioma que ignoran.

Los alumnos necesitan el idioma para hablar correctamente sin cometer barbarismos, saber redactar informes breves sobre asuntos técnicos, no recitar a los clásicos de la literatura, y expresarse correctamente por escrito en un informe sobre el estado de una máquina, un accidente a un trabajador y asuntos parecidos. Pero para ello, deben los docentes comenzar por conocer estas cosas, asunto hasta hoy muy dificultoso. Interesar a los alumnos por leer artículos en revistas técnicas en vez del Quijote, es un buen consejo.

En cuanto al idioma extranjero, bien sabemos que el inglés se ha impuesto como *lengua de comunicación*, asunto que hay que asimilar inmediatamente. No porque nos agrade el inglés, idioma poco atractivo, sino porque es necesario. Nada más lamentable que desplazarse por el mundo en giras, y en cada lugar sentar a su lado al traductor, o colgarse el audífono y el micrófono para la traducción, actitud lenta y ridícula. Salvo casos contados y muy lamentables y hoy demostrativos de una falta total de cultura, vemos como presidentes, primeros ministros y todo tipo de altísimo funcionario, se comunican ágilmente con el idioma inglés.

Los asuntos técnicos son una buena fuente para practicar inglés en las entidades educativas, trabajando con el diccionario en traducciones. Ejercitarse en diálogos para explicar un trabajo, un accidente, el pedido para comprar una herramienta y asuntos por el estilo, son simpáticos pasos de iniciación en el uso del inglés.

- **La historia y la geografía**

Los hechos de la historia universal, pueden hacerse más amenos y atractivos para un futuro técnico, relacionándolos con la evolución de las técnicas de la guerra y sus armas, la tecnología de los alimentos, las formas de la construcción de viviendas, puertos y canales, la construcción de la naves, que por medio de las alternativas y cambios políticos de las naciones. Sin desmerecer esto último, es bien simple entender que a una alumno que está estudiando para ser electrotécnico, le resulta atractivo enterarse como fue que Faraday descubrió el fenómeno de la inducción electromagnética, que se aplica en todos los generadores, y de paso, enterarse como era su país en ese momento de la historia.

Iguales criterios para enseñar la geografía, dado que los inventos en los diferentes países del mundo, están relacionados con su estado de desarrollo industrial y de la investigación básica y la investigación aplicada.

CAPÍTULO 4

LAS CLASES EN LA EDUCACIÓN TÉCNICA

4.1. LOS CRITERIOS GENERALES

Para iniciarnos en el tema, comenzamos por exponer algunas reglas generales metodológicas que se aconsejan:

1°. Buscar las dificultades que el alumno debe vencer
2°. Descomponer las dificultades en sus partes más simples
3°. Enseñar una sola cosa por vez
4°. Ir de lo fácil a lo difícil, de lo simple a lo complejo
5. Evitar el tedio, la precipitación, la fatiga y los falsos pasos
6°. Ejercer una supervisión atenta e inteligente

Estas reglas se complementan con las siguientes recomendaciones al docente:

Conocer al alumno

A menudo, creemos conocernos, cuando en realidad, poco sabemos de nosotros.
Creemos conocer a las demás personas, cuando en realidad sabemos poco de ellas.

Por ello, se recomienda a los maestros de taller, instructores y profesores, procurar conocer a sus alumnos, asunto poco fácil cuando el curso es numeroso. Las escuelas de países avanzados, recuren a los exámenes sicológicos, sin pretender que ello sea definitorio.
La observación sistemática del comportamiento de los integrantes de un curso, es recomendable.

Primeros contactos

El alumno llega a un curso con confianza, ilusiones, esperanzas, temores y recelos. Si estudia para técnico, viene de una escuela primaria en donde dejó afectos, amigos y una forma de vida conocida por él, para ingresar en un medio desconocido. Si es un adulto que solo tiene escuela primaria, las incógnitas y los recelos son mayores. Todo esto significa situaciones que el docente debe tener en cuenta. El primer día de clase debe ser cuidadosamente planeado por el docente a cargo, y del mismo puede depender muchas veces, un buen resultado.

Cuesta mucho levantar una mala impresión recibida en la primera clase, aunque nunca debe olvidarse que un profesor es un jefe. Si el alumno sale de la escuela técnica media e ingresa en un puesto de trabajo, el mundo que encontrará no será necesariamente a su favor. Hay que acostumbrarlo a los justos actos que a veces plantea la disciplina. En el momento actual, en que los actos de indisciplina se han hecho frecuentes por cambios erróneos en la sociedad, debe cuidarse mucho resguardar el orden, particularmente en las escuelas de nivel medio, en que los padres no colaboran con los docentes.

Hacer del alumno un colaborador

Los alumnos ingresan con entusiasmo, pero muy pronto descubren que el contacto con el sistema de enseñanza le demanda esfuerzo. En los cursos de capacitación laboral, el cursante admite, por su mayor madurez, que debe poner esfuerzo y suele ser más colaborador. En muchos casos, los alumnos de nivel superior y medio– pierden el entusiasmo rápidamente, si los docentes no muestran una forma eficaz de aplicar el esfuerzo y las ventajas de vencer las dificultades. También, pierden el entusiasmo y se tornan indisciplinados, cuando descubren que los profesores de las diversas asignaturas, no forman un equipo homogéneo y están todos de acuerdo en los fines y métodos. A nivel universitario admite las diferencias, en el nivel secundario no resultan apropiadas a sus fines y son fuente de dificultades en el nivel superior. Un aspecto que todo alumno detecta inmediatamente, es el orden, la higiene y la existencia la aplicación de un plan previamente programado, en el que todos están de acuerdo

Investigar las dificultades que encuentra un alumno

No olvidar que lo que es fácil para el docente, no lo es para el alumno. Para tener éxito, se debe estar cerca del alumno en la clase, particularmente, en el taller, en que se convive más individualmente.

Descomponer las dificultades

Las dificultades de todo trabajo deben descomponerse, desarmarse, por así decirlo, para conocerlas mejor. Los problemas o lecciones deben descomponerse en temas más simples, más elementales y estudiar como hacerlas más simples, pero sin exagerar. Como la ascensión por una escalera, peldaño por peldaño.

Enseñar un solo asunto por vez

La regla es no explicar dos conceptos importantes juntos, al mismo tiempo. No enseñar dos movimientos u operaciones en el taller, juntos, al mismo tiempo.

Avanzar de lo fácil a lo difícil

Comenzar por lo más simple, y estar seguro que en cada clase, se asimiló lo de la anterior. El alumno que llega a un resultado, se anima a tomar el siguiente. Por ejemplo, para aprender a burilar, se comienza por aprender a tomar el martillo, luego hacer movimientos suaves en el vacío, luego martillar sobre un pequeño círculo para afinar la puntería, finalmente martillar sobre un cilindro.

Evitar el aburrimiento, la precipitación y la fatiga

La repetición de una misma cosa causa aburrimiento, da sensación de inutilidad. A esta regla, agregar la variación para mostrar avances.

Enseñar poco por vez y repetir a menudo

Son dos necesidades de la enseñanza. La atención del alumno tiene una capacidad limitada, que disminuyen con la edad.

Ejercer un atento control

Una lastimadura en el taller con el uso incorrecto de una herramienta o máquina, crea limitaciones que se fijan en la memoria y se deben evitar. Igualmente, dejar pasar un error que se observa. La corrección debe ser un consejo, sin herir. Un error es común en quien aprende. Inmediatamente, explicar porque se produjo para evitar la repetición y fijar conceptos.

Promover la enseñanza activa

La enseñanza activa es cuando el alumno participa él mismo en el desarrollo de sus conocimientos, en vez de recibirlos pasivamente. El método demostrativo, haciendo en silencio sin hablar, no es suficiente. El método verbal, hablando solamente, tampoco es efectivo.

El método pedagógico más aconsejado, es el llamado *método combinado*, que usa el método visual, sumado al método verbal y al método demostrativo. Consiste en comenzar con un breve diálogo, mientras se preparan aparatosamente los elementos a emplear, para ver si sabe algo del trabajo a enseñar. Se le explica la importancia de saber hacer ese trabajo. Es solo para despertar confianza. Seguidamente, en silencio, se hace la operación de frente al alumno. Luego, se coloca al alumno en la posición correcta, se le hace tomar los elementos y se le hace hacer las operaciones pausadamente a medida que se las explica una por una. Finalmente, se le pide que las haga solo y las explique mientras las realiza, corrigiendo sus defectos. Para finalizar, se le hace ejecutar otra vez el trabajo, explicándolo él mismo, para que lo memorice.

4.2. LA LECCIÓN Y EL PLAN DE CLASE

Es el acto principal en el proceso de la enseñanza. Según Luis A. de Mattos [12] podemos proponer lo que sigue:

"El manejo de la clase es la supervisión y control efectivo que el profesor ejerce sobre sus alumnos con el propósito de crear y mantener en sus clases una atmósfera sana y propicia a la atención y trabajo mental intensivo, desarrollando en los alumnos hábitos fundamentales de orden, disciplina y trabajo e inculcándoles sentido de la responsabilidad"

A esto podemos nosotros agregar *y conduciendo al grupo a la adquisición de los conocimientos y habilidades programados dentro de objetivos escolares y profesionales.*

El llamado plan de clase es una unidad de trabajo que encuadra en el tiempo de la llamada *hora clase*, por medio de la cual se establecen los aspectos laborales de la profesión docente. Esta unidad no tiene estructura arbitraria, ni se improvisa. Su composición obedece a normas metodológicas y sicológicas bien claras, y la educación técnica ha desarrollado un plan de clase adaptado a sus peculiaridades.

Desde hace muchos años, en países de alto desarrollo se emplea el

---

13 *Compendio de didáctica general*, por Luis A. de Mattos, Editorial Kapelusz, 1963, Buenos Aires, Argentina.

llamado *"método de los cuatro principios"* que vamos a emplear en la explicación que sigue.

PLAN DE CLASE

1. PREPARAR A LOS ALUMNOS
    1.1.   Predisponer a los alumnos o cursantes
    1.2.   Definir claramente que es lo que se va a enseñar
    1.3.   Interesar a los alumnos sobre el tema
    1.4.   Poner a los alumnos en posición correcta para que todos vean bien

2. PRESENTAR EL TEMA
Hablar, mostrar e ilustrar una sola fase por vez
Hacer notar en cada fase, todos los puntos clave
Ser aplomado y sereno
Desarrollar completamente lo propuesto

3. HACER EJERCITACIONES
Hacer realizar ejercicios prácticos a los alumnos
Corregir los errores en el momento en que se producen
Hacer preguntas para verificar que han comprendido
Completar sobre la marcha detalles necesarios

4. ACOMPAÑAR A LOS ALUMNOS EN SU PROGRESO
Motivar a los alumnos para tomar temas nuevos
Incentivar a los alumnos a que hagan preguntas
Orientarlos sobre bibliografía o fuentes de estudio
Calificarlos

Procedemos a continuación, a desarrollar detalles y particularidades de este método.

1.1. Predisponer a los alumnos es crear el clima propicio, aprovechando los conocimientos que todo profesor tiene de sus alumnos, sus problemas y sus objetivos. El maestro de taller o el profesor de aula deben tener bien claro cuales son las razones del alumno al anotarse en una carrera o curso, sus problemas, sus inquietudes. Esta predisposición se puede lograr de diversos modos. Haciendo alguna pregunta sobre la actualidad, los deportes, los acontecimientos de conocimiento público o cualquier cosa que distienda al auditorio, y que el alumno vea que su instructor es un ser humano como él, que mira el mundo con la misma óptica. Deben ser frases breves con tono simpático, que permitan una respuesta rápida y sin mayor compromiso. Desechar la idea que el docente es un ser severo. Los alumnos de secundaria tienen un sentido muy particular para captar rápidamente los puntos débiles del docente, de modo que ese acercamiento inicial debe ser cuidadoso, para evitar un relajamiento de la autoridad. Cuidar el lenguaje y si se puede, hacer mención de algún asunto de clases anteriores.

1.2. Definir correctamente que es lo que se va a enseñar es decididamente fundamental. Hay que dejar bien claros los objetivos perseguidos y el resultado que se busca. A las palabras pueden sumarse hechos físicos, como mostrar terminada la pieza que se enseñará a elaborar o a investigar en el taller o en el laboratorio. Asegurar que los alumnos son capaces de hacerla también. El profesor debe tener el material o la pieza a mano y no gastar tiempo en buscarla.

1.3. Interesar a los alumnos por el tema es transformar el objeto de la clase, en el *centro de interés*. Vincular el tema de la clase con algo que le puede suceder cuando sea un técnico, o algo que le pueden pedir a un operario en su futuro puesto de trabajo.

1.4. Poner a los alumnos en posición correcta para que vean y oigan con provecho. Si se trata de una clase teórica de aula, asegurarse que todos han de ver claramente al expositor y lo que él muestre. Que se vea bien desde todas las posiciones el pizarrón, o las láminas u objetos que se mostrarán con la exposición. Es poco corriente que profesores, alguna vez se han sentado en el último banco de su aula, para apreciar como se los ve dando clase.

Los trabajos de taller son más difíciles de mostrar en forma tal que todos los alumnos los vean bien y cómodos. Igualmente, los experimentos de laboratorio. En muchos casos, es el mismo profesor con su silueta que oculta a parte del auditorio, lo que está mostrando. Cuando un alumno no ve bien lo que se muestra, tiene tendencia a levantarse y ubicarse mejor para ver, creando un desorden. Entre las recomendaciones, cuidar la seguridad, dado que muchas veces en los laboratorios se opera con ácidos y en los talleres con piezas giratorias que aparecen a la vista como detenidas y causan accidentes. En muchos casos, se debe dividir a los alumnos en grupos y acercarlos por turno para ver de cerca las cosas.

2.1. Hablar, mostrar e ilustrar una sola fase importante por vez. Toda lección, cualquiera sea la asignatura, tiene fases. Se entiende por fase a *una porción de conocimiento que por sí sola produce un avance.* Las fases deben ser explicadas de a una por vez. El sistema de explicar dos fases juntas para ganar tiempo, produce efectos contraproducentes. La mente del alumno no marcha a la misma velocidad que la palabra del profesor y el tiempo que parece ganarse, se pierde. Muchos docentes se engañan a sí mismos con este asunto. Un avance en la disertación no es un avance en la asimilación del discípulo. Lo único que se logra es decir más cosas en menos tiempo, pero no enseñar más cosas. No olvidar que el conocimiento se incorpora en la mente *por capas o estratos*

Tres son entonces las recomendaciones. Es menester ***explicar*** porque el profesor debe transmitir el conocimiento en una forma elaborada por él con anterioridad a la clase. Es menester ***mostrar***, porque en las disciplinas técnicas, los elementos en juego deben ser vistos por el alumno. Y en tercer lugar, es menester ***ilustrar*** porque ciertos fenómenos deben ser expuestos con ayudas diversas. Todo es implica una preparación previa de la clase por parte del maestro de taller o profesor de secundaria.

2.2. Hacer notar en cada fase, todos los puntos clave. Toda lección tiene puntos clave que definiremos del siguiente modo:
Cualquier elemento que puede ayudar o perjudicar el conocimiento de una cosa, evitar un accidente, facilitar una operación o colaborar en una más rápida comprensión del tema. Cualquier habilidad especial que se necesite.

Cualquier lección tiene algún punto clave sin el cual lo que se enseña es defectuoso. Por ejemplo, si se enseña la puesta en marcha de un automóvil, el punto clave es que *la palanca de cambios esté en punto muerto.* Para acentuar esta idea, se aconseja escribir los puntos clave en el pizarrón o lámina que se presenta al alumno y hacer repetir al alumno ese punto.

2.3. Ser aplomado y sereno. Suele ocurrir a buenos profesores que, en el calor de la exposición, confunden una lección con una conferencia, y creyéndose seguido por la audiencia, imprimen a la lección un ritmo inadecuado. Ocurre con más frecuencia a los docentes con más experiencia. El reloj es el mejor elemento que nos llama a la realidad y ser paciente es buen consejo. Para ello, no se debe sobrestimar los conocimientos del alumno, y explicar todos los términos nuevos. También se debe enseñar completamente, es decir, respetar escrupulosamente la preparación planificada de la clase en función del tiempo asignado. A esto debe agregar enseñar pacientemente.

2.4. Desarrollar completamente el tema. La exposición planificada no debe ser acortada sobre la marcha, aunque los rostros parezcan haber asimilado. La velocidad de exposición es importante no aumentarla sobre la marcha, por entusiasmo. Tampoco el profesor debe guiarse por la respuesta afirmativa de los alumnos, cuando pregunta si han comprendido, porque hay una tenencia a decir que sí, para no presentar una imagen desfavorable.

3.1. Hacer realizar a los alumnos ejercicios prácticos. Estas ejercitaciones pueden ser problemas, o experimentos, dibujos, partes de un ejercicio de taller y otras acciones similares. Para ello, el docente debe tener preparada una colección de ejercitaciones disponibles. Nada más grave que pedir un ejercicio que produce resultados fantasiosos o visiblemente imposibles, con cifras o resultados que la realidad niega. El uso del que llamamos método activo, proporciona al docente muchos temas de interés.

3.2. Corregir los errores en el momento en que se producen. Errores en las formas de tomar las herramientas en el taller, la forma de anotar un dato en el laboratorio, deben señalarse inmediatamente, deteniendo la explicación, para que quede grabado el error en la mente del alumno. Si el error se comete en una prueba escrita o en un trabajo que el alumno ejecuta fuera de a presencia del profesor, en la clase siguiente debe señalarse.

3.3. Hacer preguntas para verificar si el alumno ha comprendido. Durante las prácticas, sean de taller, laboratorio o teoría, el alumno está en todo su derecho de hacer preguntas. El alumno está aprendiendo. Las preguntas no deben hacerse con la libreta de calificaciones en la mano, si no se está en un interrogatorio programado. Las preguntas deben hacerse con tono cordial, con espíritu de colaboración, tratando de ayudar a los que pudieran haber quedado con dudas. Este paso permite al profesor corregir cualquier error en la forma de expresarse el alumno. Insistir en los puntos clave y las fases importantes.

3.4. Completar sobre la marcha los detalles secundarios. Con esta etapa se pueden llenar espacios de tiempo que pudieran haber sobrado o, inversamente, agregar algo que se dejó de decir. En esta etapa se pueden agregar asuntos que pasaron por alto.

4.1. Motivar a los alumnos para tomar temas nuevos. En esta etapa se debe tender a que el alumno aprenda a valerse por sí mismo. Ningún curso puede enseñar todo lo que en la vida del trabajo puede presentarse. Esto se logra motivando al alumno para que aborde nuevas soluciones a lo aprendido, proponiéndole que explique como haría lo mismo de distinta manera.

4.2. Incentivar a los alumnos a que hagan preguntas. Todo alumno puede quedar con dudas, por perfecta que haya sido la lección. Su espíritu juvenil lo lleva a querer saber más cosas. Si es un adulto, puede tener algunas inquietudes que lo llevaron a anotarse, y desea saber las respuestas.

4.3. Orientarlos sobre bibliografía o fuentes de estudio. En el alumno de secundaria debemos crear la necesidad de interesarse por libros, apuntes y documentos que sirvan para progresar en lo aprendido, o aprender nuevas cosas. En el adulto de capacitación laboral, se lo debe aconsejar sobre revistas de su profesión. Señalar en todos los casos, que hay bibliografía de nivel del curso y de niveles superiores.

4.4. Calificarlos. Cumplidas las fases anteriores, recién se puede calificar, si corresponde. De todos modos, el profesor o instructor puede llevar anotaciones reservadas sobre los alumnos y su forma de haber cumplido sus aprendizajes. Todo curso debe tener algún sistema de calificación que tratamos en el punto siguiente.

En síntesis: De lo observado en un centro de capacitación para el trabajo en un astillero del sur de Italia, tomamos la siguiente tabla de recomendaciones.

ENSEÑAR QUIERE DECIR

PREPARAR	Explicación	Materiales
		Lecciones
		Disposiciones convenientes
	Aplicación	Materiales
		Disposición general
		Valoración
DESARROLLAR	Disponer	Material
		Auditorio
		A sí mismo
	Suscitar el interés	Presentar el tema
		Indicar la utilidad de aprenderlo
		Garantizar el interés
	Desarrollar	Asegurarse la atención
		Ser claro
		Explicar en pequeñas dosis
		Poner en evidencia los puntos clave
		Ser concreto
	Asegurarse	Insistir en los puntos clave
		Remarcar puntos importantes
		Repetir si es necesario
APLICAR	Informarse	Del trabajo a enseñar
		Estudios previos del alumno
		De la valoración
	Controlar	Tener atención constante
	Corregir	Corregir colectivamente
		Corregir individualmente
		Volver a explicar
VALORAR	Juzgar	
	Comentar	
	Registrar observaciones para sí	
USAR EL MÉTODO ACTIVO	Provocar la pregunta	
	Hacer reflexionar	
	Utilizar las diferencias del auditorio	
BUSCAR CONDICIONES FAVORABLES	Eliminar la tensión en el auditorio	
	No crear nuevas dificultades, sin resolver las anteriores	
	Crear un clima de comunicación	
SER HUMANO	Ser acogedor y afable	
	Ser paciente y calmo	
	Ser objetivo	
	Cuidarse de los juicios personales	
	Ser compresivo con las diferencias individuales	
	Alentar	
	Tener sentido del humor en alguna ocasión	
	Tener un óptimo comportamiento dentro y fuera de la escuela	
SER UN EJEMPLO	Demostrar tener cultura	
	Tener orden personal	
SER PREVENIDO	Cuidar la seguridad del trabajo	
	Cuidar la higiene	
	Observar los reglamentos	

4.3. LA PREPARACIÓN DE UNA CLASE Y LA CALIFICACIÓN DEL ALUMNO

Lo peor que le puede ocurrir a un profesor, es confundir la cátedra con una tribuna. En la tribuna hay que cautivar con la oratoria, pudiéndose improvisar. En la cátedra hay que enseñar lo programado. La improvisación puede olvidarse, pero en la enseñanza se debe encontrar con el alumno en la próxima clase. Más aún, en la cátedra técnica. La misión del maestro es transmitir conocimientos con el menor esfuerzo.

Para ayudarse en la preparación de una clase, se puede usar un método de tres etapas y cuatro principios en cada una de ellas.

1° **HACER UN PLAN DE TRABAJO**
    1.1. Asegurarse de cuales son los conocimientos del alumno
    1.2. Determinar con exactitud que es lo que se va a enseñar
    1.3. Dividir el tema en dosis o partes
    1.4. Asignar a cada dosis la extensión debida
2° **HACER UN ANÁLISIS DE LA LECCIÓN**
    2.1. Determinar las fases importantes del tema a enseñar
    2.2. Determinar los puntos clave del tema a enseñar
    2.3. Determinar los conocimientos de otras asignaturas que son necesarios
    2.4. Hacer una estimación del tiempo
3° **PREPARAR LOS ELEMENTOS**
    3.1. Determinar los elementos didácticos necesarios, en aula, taller o laboratorio
    3.2. Asegurarse la disponibilidad de los elementos para el día de la clase
    3.3. Determinar el lugar más conveniente para dictar la clase
    3.4. Tomar providencias, avisando al personal auxiliar a fin de tener todo lo necesario

Calificación del alumno

Con respecto a este punto, primeramente debemos advertir que el vocablo *calificación* no debe confundirse con *clasificación*, que es otra cosa [13] Para comenzar, tiene los siguientes fines o propósitos:

---

13 El vocablo **calificación**, conforme el Diccionario de la Lengua de la Real Academia Española, es "puntuación obtenida en un examen o en cualquier prueba", mientras que **clasificación** es "relación de los clasificados en determinada prueba", como por ejemplo, altos y bajos, gordos y flacos, etc.

1. Averiguar si los alumnos aprendieron.
   La calificación permite conocer el grado de asimilación del educando.
2. Estimular en el estudio.
   Al saber el alumno que será interrogado, sigue un plan de estudio adecuado y regular. De lo contrario, tiene tendencia a dejar el estudio o el repaso para épocas e exámenes finales.
3. Revisar lo enseñado y corregir errores.
   A la vista de los resultados, todo profesor reconoce los errores de sus alumnos y también los suyos propios, lo que permite corregir las clases.
4. Buscar el mejoramiento de los métodos.
   La búsqueda de un mejor aprovechamiento de la enseñanza permite la búsqueda de nuevos métodos y perfeccionamientos, que pueden apreciarse muy bien a través de la calificación.
5. Ejecutar la promoción.
   La calificación permite dar un orden de méritos, o simplemente determinar quienes están en condiciones de pasar a cursos superiores u obtener un diploma o certificado.

En materia de tiempos, es conveniente que el profesor o maestro de taller, con la debida anticipación, haga en privado los experimentos que va a mostrar, o los trabajos prácticos que va a enseñar, cronometrándose *para saber cuanto tarda él*. La experiencia ha demostrado que el alumno tarda más, según la altura del curso en que se encuentre, porque va progresando Llamando **A** al tiempo que tarda un alumno y **P** al tiempo que tarda el profesor, la siguiente tabla ayuda a determinar tiempos reales en clase.

A principio del curso .... $A = P \times 4,0$
A una cuarta parte del curso .... $A = P \times 3,3$
A mitad del curso .... $A = P \times 1,9$
A final del curso .... $A = P \times 1.3$

Desde otro punto de vista, la calificación se puede hacer por los siguientes métodos:

- Por medio de la observación directa del alumno (Por concepto)
- Por medio de preguntas al alumno (Por interrogatorio oral)
- Por medio de trabajos realizados o presentados (Por resultados)
- Por medio de exámenes escritos (Pruebas colectivas)

Los sistemas de calificación pueden ser varios. Comentamos los más empleados.

Por concepto.
Consisten en una palabra que lo define. Se emplean bastante en la educación universitaria.

	Sobresaliente:
	Distinguido
	Bueno
	Aprobado
Límite de aprobación	————————————
	Aplazado (puede volver a rendir prueba o examen)
	Reprobado (debe volver a realizar íntegramente el curso)

Calificación numérica. Consiste en un número que muestra el valor en una escala relativa. Hay diversos criterios en los países. Se emplea en los niveles menores de la educación y la capacitación.

	5	10	20/20	100%
	4	8	16/20	80%
	3	6	12/20	60%
	2	4	8/20	40%
Límite de aprobación	———	———	———	———
	1	2	4/20	20%
	0	0	0/20	0%

Formas de calificación. Desde un punto de vista general, las podemos clasificar del siguiente modo.

Prácticas
  Son muy exactas. Requieren mucho tiempo. Son pruebas que muestran la habilidad del alumno y evitan todo tipo de fraude.
Objetivas
  Suelen ser los "test". Resultan fáciles de administrar, rápidas y de fácil comprobación. Se pueden estandarizar y adaptarlas al grupo. Evitan el error o la subjetividad del profesor o del administrador.

Subjetivas

Son pruebas relacionadas con el modo de sentir y pensar del alumno ante problemas presentados por el profesor y referidos a temas estudiados o modalidades de conducta del alumno. Son difíciles de preparar.

Las pruebas las puede preparar y llevar a la practica el mismo profesor, que es lo más corriente, o un jurado o tribunal, o mesa examinadora. Este sistema se prefiere en exámenes finales, de ingreso, de promoción, y todo otro que se aparte de la rutina de la clase y busque una calificación precisa. El sistema por tribunales o jurados garantiza mejor la imparcialidad, pero obliga a movimientos de personas en lugares y horarios menos frecuentes.

4.4. LAS AYUDAS AUDIOVISUALES E INFORMÁTICAS

En el *aula* para el dictado de teoría, los bancos y asientos para el alumnado son indispensables. Es preferible que sean móviles, para permitir agruparlos en caso de hacer trabajos en grupos pequeños. Por supuesto, el aula debe ser bien ventilada y con luz natural, si es posible, pero que las ventanas tengan su borde inferior a una altura tal, que el alumnado no pueda ver el exterior, para no distraerse. Los colores claros son preferibles. El piso puede ser escalonado para mejor visión del profesor desde las filas últimas. Las aulas pueden tener en paredes fotos o figuras alegóricas, como también, fotos de asuntos técnicos.

El *taller* debe tener un piso adecuado como para fijar mesas de trabajo, objetos pesados y máquinas-herramientas, con buena iluminación general y además, iluminación particular en aquellos puestos en que se hace menester. Abundantes armarios para guardar útiles y trabajos a medio hacer y un tablero eléctrico para luz y fuerza en lugar bien visible, para que todos sepan que el sistema está bajo tensión y que se pueda cortar alimentación en forma rápida en caso de accidente o duda.

El *laboratorio* debe contar con una mesa general para hacer experimentos de tipo general que sean vistos por todos, y puestos de trabajo para equipos particulares. En general, todo el ambiente de parecidas condiciones que el taller y el aula, y armarios para guardar equipos de alto valor

El **Pizarrón** normalmente es negro o verde oscuro y sigue siendo un componente necesario en toda aula, taller o laboratorio, con un escalón o estrado delante de unos 25 centímetros, para destacar al que expone. Lo que ha variado es la forma de usarlo, al reemplazar la tiza por los marcadores, más limpios y claros. El profesor debe disponer el mismo, para dejar constancia por escrito de asuntos que deben llamar la atención y recordarse durante la clase. En la educación técnica se usa mucho para hacer croquis o figuras, algunas de las cuales, el profesor debe prepararlas antes de la clase para ganar tiempo, para no perderlo, de espaldas al alumnado. Estudios serios estiman que el profesor suele usar el pizarrón hasta en un 30 % del tiempo de una clase para frases, esquemas o dibujos de ayuda. No debe hablar mientras dibuja o escribe en el pizarrón, porque no lo oyen bien. No se debe hacer perder el tiempo del alumno, haciéndolo copiar lo que el profesor hace en el pizarrón y se lo debe entregar en forma de apunte u hoja suelta.

En la educación técnica se emplean mucho los **modelos a escala** y los **modelos didácticos**, que enseñan maquinas, mecanismos, órganos de máquinas, instrumentos, herramientas, etc. El modelo a escala es un recurso para mostrar a escala reducida, un conjunto de grandes dimensiones. Con ayuda de colores diferentes, se remarcan los puntos clave.

Modernamente, el llamado **retroproyector** es un auxiliar valioso para mostrar sobre una pantalla grande, una lámina transparente adecuadamente preparada. Las **películas** breves y simples, se usan para mostrar movimientos difíciles de explicar con palabras.

En la actualidad, con el auxilio de la **informática** se está empleando el llamado **cañón electrónico**, dispositivo que se puede fijar al techo de modo que pueda proyectar sobre una pantalla de cine, lo que se desea mostrar. Este dispositivo se alimenta desde una computadora, para poder mostrar al alumnado por medio de un disco o dispositivo de memoria, una explicación. Este sistema, hoy muy común en las conferencias, se debe usar en la educación con suma prudencia, dado que con el conocido **power point** animado, se puede desvirtuar una clase y hacerla semejante a una conferencia, dada a una velocidad inadecuada para que el alumno asimile conocimientos.

También puede incluirse en este capítulo, la **visita técnica**, consistente en visitar una industria, una obra u otra instalación de interés, **funcionado normalmente** en sus horarios de labor. Sobre este particular, es menester no confundir una visita técnica con un paseo por una fábrica o una central nuclear. La visita técnica debe estar prolijamente programada, para lo cual, el profesor debe hacer la visita antes y particularmente, conversar con la persona que acompañará a los visitantes. Para el éxito de una visita técnica, los alumnos deben concurrir con un plan de trabajo. Para ello, en clase se les explicar que es lo que van a ver, y se los informa sobre que es lo que deben observar, tomar notas y posteriormente, *hacer un informe para ser calificado*. La visita técnica es una clase fuera de la escuela.

Debemos remarcar que las visitas técnicas a que nos terminamos de referir, no tienen nada que ver con las *pasantías*, que son períodos que el alumno pasa en una empresa o lugar normal de trabajo, como parte o complemento de su formación. Entre nosotros las pasantías de han hecho frecuentes, con resultados controvertidos, dado que algunas empresas las utilizan como empleos de segunda categoría. Sobre este tema, es necesario trabajar para perfeccionarlo.

CAPÍTULO 5

LA PROGRAMACIÓN
DE CURSOS

5.1. PLANEAMIENTO DE UN CURSO

Planear o programar un curso, significa dar respuesta a las tres preguntas clásicas: ¿Qué?, ¿Cómo? y ¿Cuándo?. La primera pregunta significa dar respuesta a la fórmula mencionada en el párrafo 2.5 anteriormente citada, es decir, responder a $E = M + T + A + J + J$. La segunda, significa analizar los medios de taller, laboratorios y biblioteca. La tercera invita a establecer una cronología suficientemente exacta, una distribución adecuada de los medios humanos y materiales.

Para todo esto, es conveniente formar comisiones de profesores de áreas diferentes y tratar de emplear el método analítico y documentación de otros establecimientos similares junto con la opinión de los medios de la producción y las opiniones de las reparticiones públicas. Las estadísticas son elementos de mucho valor. En las comisiones, es útil invitar a consulta a personas ajenas a la escuela. En líneas generales, el método aconsejado cosiste en tratar los siguientes puntos.

1° Proponer carreras y cursos en las especialidades realmente necesarias dentro de la zona de influencia que abarca la entidad educativa. Reflexionar mucho sobre el poder de absorción de los graduados por un período largo, para evitar posteriores desocupados de alta calificación, una vez que se han satisfecho necesidades transitorias. Las estadísticas deben ser consultadas.

2° Tomar todas las providencias en cuanto a la seguridad de contar con personal docente calificado en la zona de influencia, material didáctico apropiado y presupuesto para los gastos de operación, mantenimiento y reposición de elementos de consumo, y planificar los medios administrativos necesarios para atender el nuevo sistema.

Las etapas comunes en el trabajo de programar nuevos cursos o carreras implican resolver las siguientes situaciones.

Primero.

Determinar las tareas típicas del egresado en su profesión u oficio.

Segundo

Descomposición de las tareas típicas en operaciones

Tercero

Colocación de las operaciones en las asignaturas

Cuarto

Preparación de las listas de trabajos prácticos

Quinto

Realización de los trabajos prácticos para determinar los elementos necesarios

Sexto

Hacer los programas de la teoría, cuando se sabe que prácticas son necesarias.

Séptimo

Hacer los planes de estudio con las asignaturas

Existen muchos modelos de planeamiento de un curso. En general, es un programa que en forma gráfica, prepara el profesor para saber que debe enseñar en cada día de lección de un curso o carrera. Sobre ese gráfico, clase por clase, el profesor anota lo sucedido con adecuadas señales para llevar el control de su propio trabajo. Esas anotaciones se sirven sobre la marcha, para acelerar o tomar decisiones a fin de cumplir el plan trazado, y también, para planificar el curso siguiente.

Vamos a demostrar como se puede hacer la planificación de un curso breve de capacitación laboral, de 9 clases y 7 temas a enseñar. Si se necesita, cada tema puede descomponerse en las operaciones necesarias a enseñar.

En el ejemplo, se ha supuesto que el curso se hará del 16 al 26 de marzo del año 2009

Clase n°	Semana n°	Fecha	Temas a enseñar							Observaciones y novedades
			1	2	3	4	5	6	7	
1	1	16.03.2009	x							
2	1	17.03.2009		x						Faltó algo de tiempo
3		18.03.2009		x	x					
4	2	19.03.2009			x	x				Falló el equipo de soldadura
5	2	20.03.2009					x			
6		23.03.2009					x	x		Se recupera tiempo
7	3	24.03.2009						x		
8	3	25.03.2009						x		
9		26.03.2009							x	

Explicación de la tabla

En clase 1 se enseña tema 1
En clase 2 se enseña parte del tema 2   Faltó algo de tiempo
En clase 3 se termina de enseñar tema 2 y se comienza a enseñar tema 3
En clase 4 se termina de enseñar tema 3 y parte del 4   Faltó un tiempo de soldadura
En clase 5 se enseña tema 5
En clase 6 se termina tema 5 y se inicia tema 6   Se recupera tiempo perdido antes
En clase 7 se sigue tema 6
En clase 8 se termna tema 6
En clase 9 se enseña tema 7 y fin de curso. Despedida

5.2 LOS MÉTODOS

Para comenzar, debemos advertir que, en general, los métodos se dividen en dos grandes grupos:

- Métodos científicos
  Son los que se utilizan en el descubrimiento de las verdades universales y necesarias, y que dan por resultados leyes y principios.
- Métodos didácticos
  Son los que se utilizan para hacer llegar las leyes y principios a la generalidad de las personas por medio de la enseñanza.

Es claro que los métodos científicos trabajan con la verdad y el investigador, mientras que los métodos didácticos utilizan la verdad ya descubierta y las personas a quienes transmitir esa verdad. Por lo tanto, los métodos didácticos de la educación técnica deben coordinar el contenido de la profesión u oficio, con la mente y la personalidad del educando.

Circunscribiéndonos ahora a los métodos didácticos, podemos agregar que se encargan de transmitir el conocimiento en forma rápida y segura. Las habilidades de una profesión u oficio junto con una adecuada dosis de contenido científico y humano, cuidando de que se realice en forma equilibrada y armónica. Los métodos didácticos utilizan la inducción y la deducción.

La inducción

Es el método que parte de la observación sistemática de hechos o fenómenos, o sea, de la experimentación. Fundándose en ésta obtiene leyes que rigen el hecho o fenómeno y que constituyen la generalización. Dicho en otras palabras, la inducción es un método que va de lo particular alo general.

La deducción

Es el método que parte de los principios, proposiciones, postulados, etc., llegando por ese camino a lo desconocido. Dicho en otras palabras, la deducción es el método que parte de lo general y llega a lo particular.

En la educación técnica se usan ambos, según el nivel. Para la enseñanza de tipo laboral se prefiere la inducción. Para la enseñanza superior se prefiere la deducción. En el nivel medio para la formación de técnicos, se usa tanto la inducción como la deducción, predominando la primera.

Desde el punto de vista de la posición que debe ocupar el educador frente al educando, tenemos:

Métodos basados en la autoridad del maestro

Son los que basan la enseñanza en la autoridad del profesor, El alumno se limita a escuchar en silencio, no participando en la clase, sino cuando es interrogado. La transmisión del conocimiento se hace por la vía oral, principalmente.

Métodos basados en la intuición

Son los que basan la enseñanza en la demostración, usando poco el discurso oral o la explicación. El alumno mira y asimila a través de lo que ve, extrayendo sus concusiones y basándose en razonamientos personales.

Métodos activos

Son lo que se apoyan en la actividad espontánea del alumno, basándose en sus inclinaciones e intereses. El profesor acompaña, guía, asesora y procura controlar el progreso, dando el ejemplo, aclarando dudas, explicando cuando es necesario. La esencia del método es la combinación de la palabra del profesor, con la actividad del alumno.

5.3. LOS ELEMENTOS EN JUEGO

La transmisión de conocimientos profesionales, con el objeto de formar otras generaciones, involucra el juego armónico y coordinad de diferentes componentes humanos y materiales. Procuraremos en forma sumaria, presentar estos elementos y sus principales atributos.

El educador o docente

Es la persona que dirige, encamina, supervisa y conduce a los educandos, a la vez que les transmite una serie de conocimientos que él asimiló tiempo antes, que además tuvo oportunidad de practicar o meditar suficientemente. Ejerce sobre ellos un control y los califica para permitirles su promoción. Por lo tanto, sintéticamente:

- Imparte conocimientos
- Dirige a un grupo de estudiantes
- Controla y califica

El educando

Es la persona que por propia voluntad se somete a un régimen de estudio sistematizado impartido en un instituto educativo. En las Instituciones Educativas busca un perfeccionamiento que lo califique profesionalmente. Procura una carrera que le permita trabajar en algo que le agrada o necesita y, principalmente, para vivir mejor. Por lo regular, no concurre a la escuela para buscar una cultura superior, sino para aprender a hacer cosas útiles que serán su capital en la vida. Cuando estas condiciones no son tenidas en cuenta por el docente, el resultado por lo regular es la deserción, con gran perjuicio para la persona y para el país.

El alumno perteneciente a escuelas secundarias técnicas tiene lo que venimos denominando *centro de interés*, diferente al bachiller u otras orientaciones, que son más culturales y de espectros abiertos. Refiriéndonos ahora al alumno que tiene una ocupación rentada durante el día y concurre en horarios vespertinos a una escuela, situación frecuente, el problema es muy complejo y debe ser objeto de un régimen especial. Por lo tanto, todos los ambientes deben estar bien iluminados para evitar accidentes por distracción y combatir el cansancio o el sueño.

Los alumnos, clasificados desde otro punto de vista, pueden presentar al docente diferencias de interés, diferencias de aptitud y diferencias de personalidad. Frente a esta variedad en personas que tienen que actuar con herramientas de mano o aparatos que pueden ocasionar lesiones o accidentes, la atención del docente debe ser muy acentuada.

La profesión o el oficio

Además del educador y el educando, y entre ambos, está la profesión o el oficio, que, como hemos dicho, es el *centro de interés*. Todo lo que pueda aconsejarse está resumido en un solo pensamiento: El docente debe dominar la profesión o el oficio.

5.4. LAS SERIES METÓDICAS EN CURSOS PARA OBREROS

Los cursos de capacitación laboral para operarios, a fin de dotar a la persona de los hábitos y destrezas necesarias para desempeñar puestos de trabajo en los sistemas de producción de bienes o atención de servicios, lo mismo que los de actualización tecnológica para atender los progresos naturales que se producen en las operaciones, deben estar regidos por una principio que es bueno resaltar claramente: *la mano diestra actúa bajo la influencia de la inteligencia*.

Como concepto podemos entonces afirmar que una *serie metódica es el análisis técnico de una tarea o conjunto de tareas, trabajos prácticos concretos o unidad didáctica que, ejecutados por un cursante, le permiten adquirir las destrezas y habilidades requeridas para el desempeño de un oficio o profesión.*
Si deseamos una expresión gráfica sintética, podemos proponer lo que sigue.

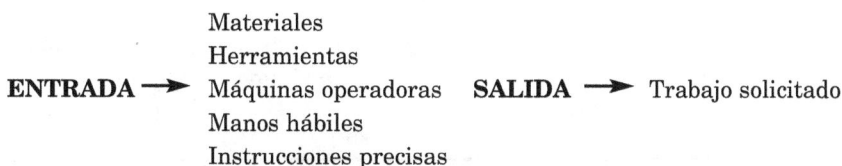

ENTRADA ➤
Materiales
Herramientas
Máquinas operadoras   SALIDA ➤ Trabajo solicitado
Manos hábiles
Instrucciones precisas

La serie metódica debe ser preparada por un equipo de expertos, especialistas en ese oficio o profesión, que a su vez *apliquen un método analítico de trabajo.* Describiremos a continuación los pasos básicos que es necesario seguir para preparar una de estas series.

Punto 1. Hacer una lista de trabajos probables a incluir en la serie metódica, sin seguir un orden particular. Estos trabajos surgen de encuestas industriales, o en otros casos, por simple consulta.

Punto 2. Poner en orden de dificultad la lista de trabajos o tareas. Una tarea es un trabajo completo, como por ejemplo, alinear la dirección de un automóvil, instalar una lámpara fluorescente, hacer un vestido, etc.

Punto 3. Descomponer las tareas anteriores en operaciones. Operación es un conjunto de movimientos o pasos que reunidos permiten hacer la tarea.

Punto 4. A medida que se realiza el punto 3 anterior se van descubriendo imperfecciones en la lista de tareas del punto 2 y de las operaciones. Se corrige.

Punto 5. Se escribe el nombre de cada tarea o trabajo práctico en una tarjeta. Obtenemos así una colección de tarjetas con el nombre de todos los trabajos programados.

Punto 6. Al recorrer nuevamente el punto 3, veremos que todas las tareas han sido descompuestas en una serie de operaciones, pero que algunas de ellas se repiten en varios o en todos los trabajos. Obtenemos entonces, por simple análisis, la nómina de todas las operaciones posibles que es necesario ejecutar para poder realizar la serie metódica programada. Escribimos el nombre de esas operaciones en tarjetas con todas las operaciones que es necesario hacer.

Punto 7. Tomamos las tarjetas y las colocamos en orden de dificultad para su ejecución.

Punto 8. Tomamos las tarjetas de las operaciones y las colocamos en orden de dificultad de ejecución.

Punto 9. Preparamos una planilla para agrupar las tareas y las operaciones y obtener sus vinculaciones. La que sigue es un ejemplo, para dos tareas muy simples.

	OPERACIONES					
	Cortar conductores	Preparar terminales	Conectar terminales	Verificar si hay tensión	Desarmar portalámpara	Buscar polos
Hacer una lámpara de pruebas.	X	X	X	X	X	
Hacer un cordón de prolongación	X	X	X			X

Punto 10. En la planilla anterior se marca con una **X** la relación que existe entre cada tarea y las operaciones posibles. Por ejemplo, para hacer una lámpara de pruebas de esas que usan los electricistas, se requiere *cortar conductores*.

Punto 11. Al terminar la planilla anterior quedará en evidencia un cierto número de fallas, errores, omisiones, o simplemente cuestiones que pueden mejorarse, o que pasaron inadvertidos.

Punto 12. Se encarga a uno o dos profesores de prácticas, preferentemente los que dictarán el curso, para que realicen todos los trabajos programados en las mismas condiciones en que las harán los alumnos, y teniendo especial cuidado en determinar:

1°   El tiempo que tarda el profesor en ejecutarla
2°   Las herramientas y maquinaria que se emplea
3°   Los elementos necesarios (recuperables)
4°   Los materiales no recuperables que necesita (de consumo)

Punto 13.   Basándose en el tiempo necesario para ejecutar los trabajos, y teniendo en cuenta la tabla de tiempos vista en punto 4.3, se hace un balance del tiempo que tardará el alumno, con lo que se puede calcular la duración del curso, la cantidad de clases y otros detalles.

Punto 14. Realizada la serie metódica, con la cual recién se tendrá la certeza de que es posible su ejecución con éxito. La tabla que sigue permite conocer a fondo un curso práctico.

Tarea	Operación	CONOCIMIENTOS BÁSICOS NECESARIOS			
	———	Tecnología	Matemática	Dibujo	Seguridad
Hacer una lámpara de pruebas	Cortar conductor	Conocer los conductores y aislantes	Saber medir en el sistema métrico	Saber interpretar un croquis	Colocar bien la herramienta cortante
	Buscar polos	Saber que es la tensión	———	Interpretar un croquis eléctrico	No tocar partes en tensión

Punto 15.
Se prepara para cada trabajo o tarea una hoja de tarea con todo lo avanzado en la construcción de la serie metódica, Esta hoja de tareas permite determinar:

Título, diploma o certificado a expedir a quienes aprueben el curso o carrera

Objeto del curso para publicar, o hacer conocer

Información de utilidad para el profesor o instructor

Herramientas, materiales y procedimientos

Bibliografía para recomendar o preparar.

Precauciones, instrucciones y preguntas para uso en las calificaciones.

Punto 16. Se estudia como deben ser, los puestos de trabajo de los alumnos y los del docente y los sueldos y honorarios, que elementos deben tener y estimar el costo del curso y en que lugar se puede instalar.

Punto 17. Se hace una tabla para conocer que herramientas se necesitan para dictar el curso, y la frecuencia con se emplean. Las que se utilizan más del 50% se aconseja que todos los alumnos las tengan en sus puestos de trabajo personales.

Herramientas	TAREAS								Total de tareas	En %
	1	2	3	4	5	6	7	8		
Martillo	X		X	X		X			4	50%
Pinza universal	X	X	X	X	X	X			6	75%
Alicate	X	X							2	25%
Navaja	X	X	X	X	X	X	X	X	8	100%

Punto 18. Con ayuda de las tablas se puede estimar la cantidad de elementos de consumo, es decir, aquellos que se inutilizan en cada curso y no son recuperables, para hacer las previsiones de compras. En algunos casos, se pueden estimar los materiales que pueden usarse más de una vez. En algunos trabajos o tareas, se hacen elementos que terminado el curso, se pueden desamar y usar en otros cursos. Las tablas construidas ayudan en estos cálculos. No olvidar que una escuela técnica o un centro de capacitación son eficientes, en la medida que cuenten con todos los elementos de trabajo. También, como tarea final, se pueden hacer imprimir apuntes para que los alumnos se lleven al terminar el curso, que tienen su costo.

Punto 19. Se hace una lista de los materiales de consumo necesarios, a los efectos de tener una reserva prudente permanente en el pañol. Se consideran materiales de consumo, aquellos que no son recuperables. Se separan los que son de rezago y tienen algún valor como venta ocasional.

Punto 20. Se hace una lista de materiales que son totalmente recuperables. Una vez usados por los mismos alumnos, pueden desconectarse o desarmarse y emplearlos varias veces más. Con todos los elementos elaborados hasta aquí, se hacen las ***Hojas de Clase***, que son ligeros apuntes que se entregarán a los alumnos, y se formará una ***Carpeta Patrón***, con la cual la escuela conserva el trabajo hecho.

Como se nota, en una Serie Metódica, nada queda librado a la improvisación.

CAPÍTULO 6

LA CONDUCCIÓN DE UN CENTRO EDUCATIVO

6.1. EL PROBLEMA DEL EQUIPAMIENTO

Junto a los valores humanos del personal en un Instituto de Formación Superior, una Escuela Técnica o un Instituto de Capacitación Laboral, el *Edificio* y el *Equipamiento* de sus laboratorios y talleres son la clave inicial del éxito en su gestión. Este segundo aspecto, al depender de los recursos presupuestarios asignados para adquirir originalmente los elementos necesarios, reponer los que por el uso o antigüedad merecen un cambio, y disponer de partidas permanentes para los elementos de consumo natural que requiere la ejecución de trabajos prácticos, suelen ser un problema de la educación en Argentina.

Tratándose de entidades privadas que sostienen escuelas técnicas o centros de capacitación laboral, tenemos dos casos bien típicos: a) la escuela privada que debe cubrir todos sus gastos con aranceles o cuotas que percibe del alumnado y sus familias y, b) las empresas de adecuada magnitud, que a título gratuito enseñan para cubrir sus puestos de trabajo o de su entorno geográfico, o como simple imagen en la sociedad. En el otro caso, el estado nacional, los estados provinciales y las gestiones comunales de diverso tipo, que sostienen sus gastos del presupuesto que se debe a la recaudación por medio de impuestos y otras formas imposición la comunidad. En ninguno de los dos casos, el problema de los recursos para equipamiento de un centro de educación técnica, es sencillo. También tenemos el caso de los sindicatos de trabajadores, que tienen sistemas eficientes de capacitación para sus afiliados o personas que el gremio desea formar. Vamos a poner algunos ejemplos con los cuales, todo estudioso de estos asuntos puede adquirir una visión general.

El edificio, los sueldos y demás gastos corrientes

- Edificio especialmente concebido para la función, como bien inmobiliario, de alto costo
- Aulas con pizarrones y diseño adecuados
- Sueldos y cargas sociales del personal docente, directivo, administrativo y de servicios
- Alquileres, impuestos, electricidad, gas, agua y demás servicios esenciales
- Gastos de biblioteca e inscripción a revistas técnicas
- Gastos generales en artículos de oficina, limpieza, pinturas, mantenimiento y demás usuales
- Ayudas audiovisuales de aula como proyectores, retro proyectores y proyector de opacos
- Gastos para visitas o viajes de estudio
- Gastos para el entrenamiento e investigaciones aplicadas.

Algunas áreas técnicas que demandan equipos de laboratorio y/o talleres para la enseñanza

- Áreas ocupacionales y de servicios
- Energía eléctrica en baja, media y alta tensión
- Agua potable e incendios
- Calor y vapor
- Frío industrial
- Acondicionamiento de aire.
- Gas, aire comprimido, vacío y otros gases
- Sistemas neumáticos y óleo hidráulicos
- Combustibles líquidos
- Tratamiento de efluentes
- Mantenimiento preventivo
- Sistemas automáticos
- Electrónica general
- Informática
- Dibujo asistido por computadora
- Química industrial
- Instrumentos de medición

Sin pretender haber agotado con estos listados todo el universo de áreas que en la vida moderna puede requerir un establecimiento de enseñanza técnica para el desempeño de las personas, nos señala sin embargo la magnitud de los recursos que una escuela técnica o centro de capacitación debe tener.

Debemos mencionar como muy importante, que existen industrias dedicadas a la fabricación de equipamiento educativo y audiovisual, en los países muy adelantados y en Argentina también. Los hay de tipo estándar y también especial a pedido.

Es necesario señalar a los estudiosos de estos temas, que el Instituto Nacional de Educación Tecnológica, el **INET**, dependiente del área educación de la nación, se ocupa a través de los Planes de Mejora Continua de asesorar y asistir a las escuelas, para su adaptación a las necesidades de un mundo globalizado.

Vistas, a modo de ejemplo, de dos equipos para laboratorios de enseñanza técnica

Puesto individual para estudio de la electrónica.

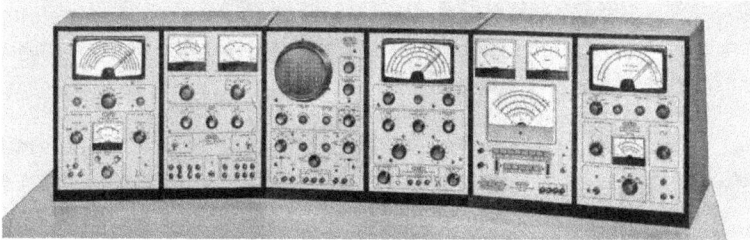

Puesto individual para estudio de la electromecánica

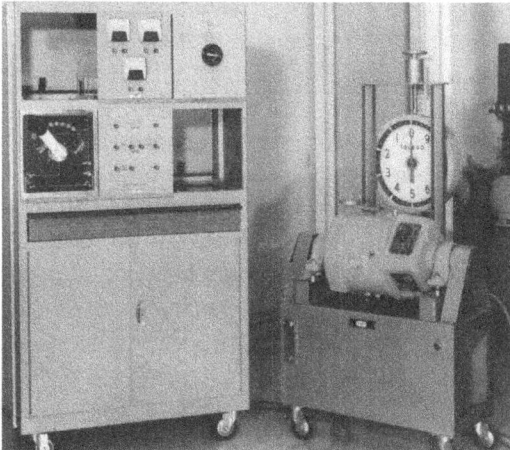

6.2. LOS INSTITUTOS Y LAS ESCUELAS COMO COMPLEJOS ADMINISTRATIVOS Y EDUCACIONALES

Son entidades de compleja conducción, porque además de todos los ingredientes de una escuela, la administración de los materiales y la maquinaria, significa una labor que demanda mucho tiempo y calidad. El capital invertido en laboratorios y talleres es grande, y la conservación pasa a ser un problema de índole industrial que requiere un criterio directivo muy cercano al de un dirigente de empresa. Las superficies son sensiblemente mayores, de tal manera que la higiene se hace complicada, lo que agrava el ya por sí importante asunto de la limpieza. El acopio de materias primas, aceites, grasas y ácidos peligrosos, requiere la necesidad de personal altamente calificado.

Además, la entrada y descarga de materiales de consumo obliga a una contabilidad mucho más compleja que la usual de las escuelas secundarias, lo que se agrava si la producción es comerciable, es decir, la escuela está habilitada para vender lo que producen los alumnos. La dirección y administración de este tipo de escuela es más compleja que en las escuelas de bachillerato o comerciales y normales. Remarquemos algunas características.

a) La administración permite ver resultados muy rápidamente, no así la enseñanza. Bastan unos meses para apreciar un cambio en una administración eficiente. Pero se necesitan años para apreciar los resultados de una buena política educativa, observando las sucesivas promociones y la opinión de las empresas. Muchos directores tienen aptitudes para dirección y lo hacen muy bien. Para dirigir una escuela técnica o un centro de capacitación laboral, no alcanza con reunir las condiciones normales de un docente.

b) En algunos casos, los directivos estiman que las cosas deben funcionar bien, porque los docentes son buenos. Esta suposición conduce a resultados erróneos, dado que la dirección educativa debe coordinar adecuadamente al conjunto. El sistema de libre cátedra no sirve para la educación técnica. La dirección debe vigilar en forma constante, inclusive, asuntos no técnicos. .

c) A muchos directivos les agrada la administración porque consolida la autoridad. El celoso control de las cosas pequeñas da la sensación de vigilancia, y motiva al personal de una escuela. Esto puede alejar al docente de la calidad y estar en el detalle menor.

d) El educador es un elemento humano difícil de conducir, porque su preparación le otorga mucha independencia de criterio, y piensa que sus ideas en una cátedra no deben ser tocadas. Además, en todo docente, hay un director en potencia, que por lo regular, no está de acuerdo con lo aconsejado por sus superiores.

e) La conducción educativa es mucho más compleja que la administrativa, y siguiendo el camino del menor esfuerzo, es el que insensiblemente se puede tomar.

Por todos estos motivos, hay cierta tenencia a lo administrativo. Súmese a todo esto que muchas decisiones se deben tomar por imposición de autoridades de mayor nivel que el director, que al exigir el cumplimiento de normas centrales a veces de poca monta, entorpecen la educación. Todo esto conduce a que las escuelas de enseñanza técnica, debieran tener un régimen de funcionamiento diferente al de las escuelas de humanidades, y las retribuciones deben ser notoriamente superiores, cosa que no es así, sobretodo en la administración pública.

6.3. LA DIRECCIÓN EDUCATIVA

Reunimos aquí una serie de consejos prácticos, que la experiencia de muchos observadores experimentados ha suministrado, y que permitirán enfocar la conducción de la enseñanza.

El principal aspecto de la dirección educativa es, a nuestro entender, el de propender a las buenas relaciones entre todo el personal. En las escuelas en general, el núcleo de profesores puede convivir aisladamente sin mayores problemas para la formación del alumno; pero en las escuelas técnicas no es así. En la escuela de formación profesional, la relación entre la teoría y la práctica conduce forzosamente a la necesidad de un entendimiento total entre profesores de la teoría y la práctica. En Argentina, esta idea todavía no alcanzó el debido desarrollo, tal vez influidos por la vida universitaria, en que cada cátedra tiende a ser un mundo aislado. Existe una cierta barrera bien visible entre los profesores de aula y los maestros de taller.

Por lo regular, el profesor de materias teóricas se coloca en un plano distinto al de práctica, producto en muchos casos de una muy distinta educación y formación, lo que da lugar a un mal disimulado distanciamiento. Esto es desfavorable y el alumnado lo percibe y lo comenta. Sin embargo, la evolución de las tecnologías manuales ha evolucionado de tal manera, que la formación actual del maestro de taller requiere estudios cada vez más complejos, que equilibran a la formación académica clásica para el aula.

Históricamente, el maestro de taller se reclutaba entre gente de oficio, en muchos casos solo con escuela primaria cumplida, que impartían sus conocimientos en forma un poco rústica. Actualmente, ese modelo ha sido desplazado por el cambio tecnológico. Para resolver este problema, la dirección debe ser muy cuidadosa en el trato de unos y otros, en forma que el alumnado no perciba diferencias desagradables. La práctica de reuniones cuidadosamente programadas por la dirección, es el camino adecuado. El cambio de ideas en reuniones controladas, es positivo. En las primeras reuniones es el director el que más debe hablar, para ir cediendo la palabra a los presentes en forma equilibrada y con respeto.

En las reuniones entre profesores de teoría y maestros de taller, los primeros siempre tienden a mostrar su saber teórico y los segundos, a mostrar que los primeros no conocen la vida práctica real del trabajo. Es un mundo complejo y nada fácil de controlar, adaptado a cada entidad educativa y cada caso, no habiendo fórmulas mágicas para resolver estos problemas humanos, sino la paciencia, la templanza y el equilibrio. Salvadas con la perseverancia las diferencias, los profesores de teoría terminan por valorar al maestro de taller y ayudarlo.

Con respecto al edificio, el material y el equipamiento, la recorrida semanal de todas las instalaciones permite a la dirección tomar a tiempo las debidas medidas para evitar el progreso de fallas o defectos. El mantenimiento no se debe delegar en funcionarios de menor jerarquía, particularmente, en los talleres, el lugar más delicado.

Otra cualidad del directivo es saber escuchar quejas y reclamos, aunque sean hechos en tono áspero pero con respeto. Si se trata de una reunión con un dirigente sindical, exigir que se le informe el tema a tratar, y antes de la reunión revisar reglamentos y acuerdos sobre el asunto. Nada más negativo es dejarse sorprender por un problema.

Finalmente, todo directivo debe decidir, es decir, impartir justicia en su medida, lo que implica conocer a fondo reglamentos y convenios, incluidos contratos con terceros que concurren a la escuela para hacer un trabajo o prestar un servicio.

En cuanto al contenido de la enseñanza, el directivo debe estar al corriente de las novedades que en líneas generales, se producen en las áreas tecnológicas a su cargo. Para ello, la lectura de revistas de las especialidades es aconsejable, lo mismo que las publicaciones pedagógicas. Esta acción se debe completar con la concurrencia a reuniones, conferencias y congresos que sean de interés y cambiar ideas con colegas directivos de otras escuelas. Luego, comparar.

6.4. LA ADMISIÓN DE PERSONAL DOCENTE

Aun cuando los reglamentos y normas formales marcan el camino a seguir en cada caso, no olvidar que es mucho más fácil tomar a una persona, que separarla. Despedir a una persona implica un enojoso trámite, que si no está bien hecho, deja secuelas desagradables para la dirección, además de ser un mal ejemplo.

En general, son cuatro las condiciones quemas hay que tener en cuenta:

a) Sus conocimientos profesionales
b) Su competencia pedagógica
c) Sus conocimientos generales y culturales
d) Sus cualidades personales y su conducta

Las fuentes u origen de estos antecedentes pueden ser variadas, según el tipo de función para que se busca cubrir un cargo. Los profesores de práctica conviene provengan de la industria, la producción de bienes y la producción de servicios o de organizaciones sindicales. Es decir, que conozcan el oficio o profesión. Importan menos los títulos y honores. Deben conocer el mundo del trabajo. Los capataces o supervisores suelen ser buenos maestros de taller. En cuanto a los profesores de ciencias básicas como matemática, física y química, la escuela secundaria o la universidad, pueden ser buena fuente de profesores, siempre y cuando sepan distinguir enseñar para *saber*, con enseñar para *hacer*, punto muy delicado. En cuanto a las materias relacionadas con el dibujo asistido por computadora, lo mismo que la informática general, hay que ser muy cuidadoso. Como hemos advertido más arriba al tratar estos asuntos, se trata de técnicas muy actuales todavía con poca historia, y existen institutos que no alcanzan el nivel debido para formar un profesional capaz de enseñar su propia disciplina.

El proceso de selección debe parecerse, en ciertos aspectos, a la admisión en una empresa, sin descuidar los reglamentos en casos de concursos de oposición, y que el docente tiene una sensibilidad muy acentuada que no conviene olvidar.

Si se trata de un concurso de oposición, hay que seguir rigurosamente los pasos reglamentarios y las normas vigentes. Si se debe elegir a los miembros del jurado, puede hacerse un aviso público para que se presenten quienes desean serlo, y poder elegir de ese modo. Se aconsejan las siguientes modalidades:

Presentación de antecedentes

Si es necesario, poner aviso en diarios o difundir adecuadamente la existencia del concurso. Pedir los antecedentes si es posible en hojas normalizadas, en que el postulante pueda exponer cuales han sido sus estudios, diplomas o niveles alcanzados, entidades otorgantes y fechas, cargos desempeñados, libros o publicaciones editadas, premios obtenidos y demás antecedentes. Pedir no exceder de dos páginas de 60 renglones cada una y de 100 espacios por renglón. Hay tendencia a presentar currículos de gran frondosidad y poco contenido, y de esta manera se observa también el poder de síntesis para expresarse. También debe advertirse que en la actualidad, se está empleando Internet, en donde muchos candidatos tienen su espacio, lo mismo que empresas consultoras de selección de personal.

Entrevista personal

Es importante una entrevista con el candidato que se presenta, que no debe exceder los 30 minutos. Si es necesaria más información, citar a una segunda reunión. Respetar los horarios de cita, dejando la impresión en los candidatos que esperan, que hay orden y seriedad. Preparar una lista de temas o preguntas a efectuar a todos los entrevistados, para que todas puedan compararse entre sí. La entrevista debe ser el inicio de una cordial relación, en forma que el postulante se lleve una buena imagen, aunque no ingrese. Pedir las razones por las que aspira a tener el empleo y observar su forma de vestir, presentarse y exponer.

Evaluación de antecedentes

Asignar algún valor de referencia a la impresión recibida en la entrevista personal, y a cada uno de los antecedentes, para poder comparar resultados y, en casos de conflicto, tener los elementos de juicio que demuestren haber procedido con justicia. En el acto del concurso por medio de un jurado, en todas las reuniones algún directivo debe estar presente en las entrevistas o exposiciones.

Las distintas jurisdicciones tienen reglamentaciones para la realización de concursos, en sus distintas modalidades, de antecedentes y oposición, que deben conocerse y aplicarse.

6.5. LA ADAPTACIÓN DEL PERSONAL DOCENTE

Un nuevo docente que ingresa a la escuela debe adaptarse a la misma. Nunca al revés. Es imposible que inmediatamente rinda lo esperado, ya que todo establecimiento tiene sus propias características, a las que hay que adaptarse. Es menester un período durante el cual hay que disculpar ciertos errores menores que inevitablemente se cometen.

La primera medida de un buen director es la de procurar que el nuevo docente se sienta cómodo con su nuevo trabajo y para ello se sugiere seguir los siguientes pasos:

1° Proporcionar una explicación de los objetivos de la escuela, sus antecedentes, su historia, sus atribuciones actuales, las características del alumnado que concurre, y todo otro detalle que sirva al nuevo docente para que tome contacto con los problemas de la escuela.

2° Familiarizarlo con los programas de estudio, para lo cual se procurará que los tenga con la debida anticipación al inicio de sus funciones. Entregarle no solo el programa de su materia, sino todos los del mismo año en que está su asignatura, y los de las materias anteriores y posteriores. Con ello, se le recomendará que los revise, para entender que se debe integrar a un sistema educativo, no a una materia aislada en que puede enseñar lo que quiere. Debe enseñar lo que corresponde mejor a ese conjunto. Luego de nos días, preguntarle si los leyó y que opina.

3° Presentarle al personal de la escuela, sin distinción de categorías, si es posible el primer día de clase, de tal manera que conozca por lo menos, a los presentes ese día. Esto es sumamente importante, pudiendo hacerse en los recreos, para dejarlo luego en compañía de sus nuevos colegas.

4° Presentarlo a los estudiantes haciendo un elogio de sus antecedentes, dándole el lugar que le corresponde.

5° Hacerle conocer las dependencias de la escuela y explicarle sus
virtudes y defectos.

6° Preguntarle si desearía hacer algún curso de perfeccionamiento, y la forma de ayudarlo en esa tarea.

7° Hacerle entrega del equipo de trabajo si es maestro de taller, o
los laboratorios según el caso.

8° Informarlo acerca de reglamentos de horarios y otros detalles
de su labor.

6.6. EL PERFECCIONAMIENTO DEL PERSONAL DOCENTE

Desafortunadamente, en materia de educación técnica en la actualidad, son pocos los lugares en que un docente puede perfeccionarse.
Salvo el caso del Instituto dependiente de la Universidad Tecnológica
Nacional en la ciudad de Buenos Aires, pocos son en el país los centros
de envergadura como para aconsejar, vacío que habrá que cubrir en los
próximos años.

Debido a esto, todo directivo debe procurar dictar en el propio establecimiento, cursos o jornadas de perfeccionamiento que considere
oportuno. Es probable que encuentre oposición de elementos con cierta antigüedad, que siempre oponen resistencia a estos métodos, pero
los más jóvenes en general aceptan. La causa de la pesadez de los docentes con más antigüedad es el producto de la conocida resistencia al
cambio. Argumentan que desde hace diez o veinte años que enseñan de
una forma, y esa experiencia es más válida que un curso. Confunden
rutina con nuevos conocimientos del cambio tecnológico.

Esto se combate con mucha paciencia y respeto, mostrando que se
puede quedar estancado si no se actualiza. Los cursos más comunes
que se observan en países de gran desarrollo, son algunos de la siguiente lista.

- Objetivos de la educación técnica en la región y en el país
- Metodología
- Administración escolar
- Técnica de la organización de talleres
- Preparación de series metódicas

- Técnicas de programas de estudio y de las carreras
- Necesidades del medio industrial, de obras y de servicios
- Análisis de oficios y profesiones
- Orientación vocacional
- Relaciones con la comunidad
- Psicología de la educación técnica

La concurrencia a esos cursos es preferible se a tiempo completo, dedicando la mañana a escuchar clase y la tarde a desarrollar trabajos en grupo.

6.7. LA SUPERVISIÓN DEL PERSONAL DOCENTE

La tarea de supervisar y calificar a los docentes en su labor es sumamente delicada. El docente, en este aspecto, es muy hipercrítico y sensible. Las funciones que involucran a la supervisión, y que atañen a directivos e inspectores en general, son las siguientes:

- Seleccionar y elaborar material didáctico
- Seleccionar, perfeccionar y adaptar personal docente
- Crear, mantener y desarrollar el espíritu de conducción y organización
- Mantener las buenas relaciones generales
- Promover reuniones del personal docente
- Asistir al personal para mejorar los métodos
- Relacionar a la escuela con el medio social y del trabajo
- Controlar el aprovechamiento de la enseñanza por los alumnos
- Hacer el seguimiento de los egresados y recabar opinión en los medios sociales
- Controlar si los programas de estudio se cumplen
- Estudiar con los docentes, cambios y reformas en los planes de estudio
- Calificar a todo el personal
- Alentar el espíritu de investigación
- No pretender idealizar
- Informar a las autoridades superiores

La lista que terminamos de enunciar, no es de ninguna manera completa y definitiva. Se debe adecuar a cada establecimiento, a cada época y a cada situación institucional.

Finalmente, para la supervisión del trabajo de aula o de taller, se debe acudir a las visitas en el momento que el docente está enseñando, y que pueden ser:

Visitas anunciadas

Son las que permiten ver al docente en su máxima eficiencia. Son de escaso valor en sí, pero sirven para dar una satisfacción, porque pueden expresar plenamente su capacidad de enseñar ante los alumnos y ante sus superiores.

Visitas inesperadas

Permiten observar la tarea en condiciones prácticamente normales, salvo la nerviosidad que produce lo inesperado, y si se siguen las recomendaciones dadas con anterioridad.

Visitas a pedido

Si las visitas anteriores dieron resultado, el mismo docente pide se lo observe, y es una forma de averiguar el éxito de la supervisión.

BIBLIOGRAFÍA RECOMENDABLE

Sobre los temas tratados en esta obra, es recomendable consultar a:

- *Ser profesor*, por Begoña Gros y Teresa Romaná, ediciones Universitat de Barcelona, 1999.
- *Pedagogía*, por Lorenzo Luzuriaga, Ediciones Losada, 1991
- *La educación técnica*, por Fernand Canonge y René Ducel, Paidós Editor, 1992.
- *La escuela Técnica Industrial en Argentina*, Oficina Internacional del Trabajo, 2006.
- *Educación para el trabajo*, por Horacio Ademar Ferreira, Ediciones Novedades Educativas, 1996.

TEXTO DE LA LEY NACIONAL N° 26.058, DE EDUCACIÓN TÉCNICO PROFESIONAL

Promulgada: Setiembre 8 de 2005

El Senado y Cámara de Diputados de la Nación Argentina reunidos en Congreso, etc. sancionan con fuerza de:

LEY DE EDUCACIÓN TÉCNICO PROFESIONAL

TÍTULO I
OBJETO, ALCANCES Y ÁMBITO DE APLICACIÓN

ARTÍCULO 1° — La presente ley tiene por objeto regular y ordenar la Educación Técnico Profesional en el nivel medio y superior no universitario del Sistema Educativo Nacional y la Formación Profesional.

ARTÍCULO 2° — Esta ley se aplica en toda la Nación en su conjunto, respetando los criterios federales, las diversidades regionales y articulando la educación formal y no formal, la formación general y la profesional en el marco de la educación continua y permanente.

ARTÍCULO 3° — La Educación Técnico Profesional, es un derecho de todo habitante de la Nación Argentina, que se hace efectivo a través de procesos educativos, sistemáticos y permanentes. Como servicio educativo profesionalizante comprende la formación ética, ciudadana, humanístico general, científica, técnica y tecnológica.

ARTÍCULO 4° — La Educación Técnico Profesional promueve en las personas el aprendizaje de capacidades, conocimientos, habilidades, destrezas, valores y actitudes relacionadas con desempeños profesionales y criterios de profesionalidad propios del contexto socio-productivo, que permitan conocer la realidad a partir de la reflexión sistemática sobre la práctica y la aplicación sistematizada de la teoría.

ARTÍCULO 5° — La Educación Técnico Profesional abarca, articula e integra los diversos tipos de instituciones y programas de educación para y en el trabajo, que especializan y organizan sus propuestas formativas según capacidades, conocimientos científico-tecnológicos y saberes profesionales.

TÍTULO II
FINES, OBJETIVOS Y PROPÓSITOS

ARTÍCULO 6° — La Ley de Educación Técnico Profesional tiene como propios los siguientes fines y objetivos:

a) Estructurar una política nacional y federal, integral, jerarquizada y armónica en la consolidación de la Educación Técnico Profesional.

b) Generar mecanismos, instrumentos y procedimientos para el ordenamiento y la regulación de la Educación Técnico Profesional.

c) Desarrollar oportunidades de formación específica propia de la profesión u ocupación abordada y prácticas profesionalizantes dentro del campo ocupacional elegido.

d) Mejorar y fortalecer las instituciones y los programas de educación técnico profesional en el marco de políticas nacionales y estrategias de carácter federal que integren las particularidades y diversidades jurisdiccionales.

e) Favorecer el reconocimiento y certificación de saberes y capacidades así como la reinserción voluntaria en la educación formal y la prosecución de estudios regulares en los diferentes niveles y modalidades del Sistema Educativo.

f) Favorecer niveles crecientes de equidad, calidad, eficiencia y efectividad de la Educación Técnico Profesional, como elemento clave de las estrategias de inclusión social, de desarrollo y crecimiento socioeconómico del país y sus regiones, de innovación tecnológica y de promoción del trabajo docente.

g) Articular las instituciones y los programas de Educación Técnico Profesional con los ámbitos de la ciencia, la tecnología, la producción y el trabajo.

h) Regular la vinculación entre el sector productivo y la Educación Técnico Profesional.

i) Promover y desarrollar la cultura del trabajo y la producción para el desarrollo sustentable.

j) Crear conciencia sobre el pleno ejercicio de los derechos laborales.

ARTÍCULO 7° — La Educación Técnico Profesional en el nivel medio y superior no universitario tiene como propósitos específicos:

a) Formar técnicos medios y técnicos superiores en áreas ocupacionales específicas, cuya complejidad requiera la disposición de competencias profesionales que se desarrollan a través de procesos sistemáticos y prolongados de formación para generar en las personas capacidades profesionales que son la base de esas competencias.

b) Contribuir al desarrollo integral de los alumnos y las alumnas, y a proporcionarles condiciones para el crecimiento personal, laboral y comunitario, en el marco de una educación técnico profesional continua y permanente.

c) Desarrollar procesos sistemáticos de formación que articulen el estudio y el trabajo, la investigación y la producción, la complementación teórico- práctico en la formación, la formación ciudadana, la humanística general y la relacionada con campos profesionales específicos.

d) Desarrollar trayectorias de profesionalización que garanticen a los alumnos y alumnas el acceso a una base de capacidades profesionales y saberes que les permita su inserción en el mundo del trabajo, así como continuar aprendiendo durante toda su vida.

ARTÍCULO 8° — La formación profesional tiene como propósitos específicos preparar, actualizar y desarrollar las capacidades de las personas para el trabajo, cualquiera sea su situación educativa inicial, a través de procesos que aseguren la adquisición de conocimientos científico-tecnológicos y el dominio de las competencias básicas, profesionales y sociales requerido por una o varias ocupaciones definidas en un campo ocupacional amplio, con inserción en el ámbito económico-productivo.

TÍTULO III
ORDENAMIENTO Y REGULACIÓN DE LA EDUCACIÓN TÉCNICO PROFESIONAL
CAPÍTULO I
DE LAS INSTITUCIONES DE EDUCACIÓN TÉCNICO PROFESIONAL
ARTÍCULO 9° — Están comprendidas dentro de la presente ley las instituciones del Sistema Educativo Nacional que brindan educación técnico profesional, de carácter nacional, jurisdiccional y municipal, ya sean ellas de gestión estatal o privada; de nivel medio y superior no universitario y de formación profesional incorporadas en el Registro Federal de Instituciones de Educación Técnico Profesional, a saber:
a) Instituciones de educación técnico profesional de nivel medio.
b) Instituciones de educación técnico profesional de nivel superior no universitario.
c) Instituciones de formación profesional. Centros de formación profesional, escuelas de capacitación laboral, centros de educación agraria, misiones monotécnicas, escuelas de artes y oficios, escuelas de adultos con formación profesional, o equivalentes.
ARTÍCULO 10. — Las instituciones que brindan educación técnico profesional, en el marco de las normas específicas establecidas por las autoridades educativas jurisdiccionales competentes, se orientarán a:
a) Impulsar modelos innovadores de gestión que incorporen criterios de calidad y equidad para la adecuación y el cumplimiento a nivel institucional de los objetivos y propósitos de esta ley.
b) Desarrollar modalidades regulares y sistemáticas de evaluación institucional.
c) Ejecutar las estrategias para atender las necesidades socio-educativas de distintos grupos sociales establecidas en los programas nacionales y jurisdiccionales, y desarrollar sus propias iniciativas con el mismo fin.
d) Establecer sistemas de convivencia basados en la solidaridad, la cooperación

y el diálogo con la participación de todos los integrantes de la comunidad educativa.

e) Contemplar la constitución de cuerpos consultivos o colegiados donde estén representadas las comunidades educativas y socio-productivas.

f) Generar proyectos educativos que propicien, en el marco de la actividad educativa, la producción de bienes y servicios, con la participación de alumnos y docentes en talleres, laboratorios u otras modalidades pedagógico-productivas.

ARTÍCULO 11. — Las jurisdicciones educativas tendrán a su cargo los mecanismos que posibiliten el tránsito entre la educación técnico profesional y el resto de la educación formal, así como entre los distintos ambientes de aprendizaje de la escuela y del trabajo.

ARTÍCULO 12. — La educación técnico profesional de nivel superior no universitario será brindada por las instituciones indicadas en el artículo 9º y permitirá iniciar así como continuar itinerarios profesionalizantes. Para ello, contemplará: la diversificación, a través de una formación inicial relativa a un amplio espectro ocupacional como continuidad de la educación adquirida en el nivel educativo anterior, y la especialización, con el propósito de profundizar la formación alcanzada en la educación técnico profesional de nivel medio.

ARTÍCULO 13. — Las instituciones de educación técnico profesional de nivel medio y nivel superior no universitario estarán facultadas para implementar programas de formación profesional continua en su campo de especialización.

ARTÍCULO 14. — Las autoridades educativas de las jurisdicciones promoverán convenios que las instituciones de educación técnico profesional puedan suscribir con las Organizaciones No Gubernamentales, empresas, empresas recuperadas, cooperativas, emprendimientos productivos desarrollados en el marco de los planes de promoción de empleo y fomento de los micro emprendimientos, sindicatos, universidades nacionales, Institutos Nacionales de la Industria y del Agro, la Secretaría de Ciencia y Tecnología, la Comisión Nacional de Energía Atómica, los institutos de formación docente, otros organismos del Estado con competencia en el desarrollo científico-tecnológico, tendientes a cumplimentar los objetivos estipulados en la presente ley. El Poder Ejecutivo reglamentará los mecanismos adecuados para encuadrar las responsabilidades emergentes de los convenios.

CAPÍTULO II
DE LA VINCULACIÓN ENTRE LAS INSTITUCIONES EDUCATIVAS Y EL SECTOR PRODUCTIVO

ARTÍCULO 15. — El sector empresario, previa firma de convenios de colaboración con las autoridades educativas, en función del tamaño de su empresa y su capacidad operativa favorecerá la realización de prácticas educativas tanto en sus propios establecimientos como en los establecimientos educativos, poniendo a disposición de las escuelas y de los docentes tecnologías e insumos adecuados para la formación de los alumnos y alumnas. Estos convenios incluirán programas de actualización continua para los docentes involucrados.

ARTÍCULO 16. — Cuando las prácticas educativas se realicen en la propia empresa, se garantizará la seguridad de los alumnos y la auditoria, dirección y control a cargo de los docentes, por tratarse de procesos de aprendizaje y no de producción a favor de los intereses económicos que pudieran caber a las empresas. En ningún caso los alumnos sustituirán, competirán o tomarán el lugar de los trabajadores de la empresa.

CAPÍTULO III DE LA FORMACIÓN PROFESIONAL

ARTÍCULO 17. — La formación profesional es el conjunto de acciones cuyo propósito es la formación sociolaboral para y en el trabajo, dirigida tanto a la adquisición y mejora de las cualificaciones como a la recualificación de los trabajadores, y que permite compatibilizar la promoción social, profesional y personal con la productividad de la economía nacional, regional y local. También incluye la especialización y profundización de conocimientos y capacidades en los niveles superiores de la educación formal.

ARTÍCULO 18. — La formación profesional admite formas de ingreso y de desarrollo diferenciadas de los requisitos académicos propios de los niveles y ciclos de la educación formal.

ARTÍCULO 19. — Las ofertas de formación profesional podrán contemplar la articulación con programas de alfabetización o de terminalidad de los niveles y ciclos comprendidos en la escolaridad obligatoria y postobligatoria.

ARTÍCULO 20. — Las instituciones educativas y los cursos de formación profesional certificados por el Registro Federal de Instituciones de Educación Técnico Profesional y el Catálogo Nacional de Títulos y Certificaciones podrán ser reconocidos en la educación formal.

CAPÍTULO IV
DEFINICIÓN DE OFERTAS FORMATIVAS

ARTÍCULO 21. — Las ofertas de educación técnico profesional se estructurarán utilizando como referencia perfiles profesionales en el marco de familias profesionales para los distintos sectores de actividad socio productivo, elaboradas por el INET en el marco de los procesos de consulta que resulten pertinentes a nivel nacional y jurisdiccional.

ARTÍCULO 22. — El Consejo Federal de Cultura y Educación aprobará para las carreras técnicas de nivel medio y de nivel superior no universitario y para la formación profesional, los criterios básicos y los parámetros mínimos referidos a: perfil profesional, alcance de los títulos y certificaciones y estructuras curriculares, en lo relativo a la formación general, científico-tecnológica, técnica específica y prácticas profesionalizantes y a las cargas horarias mínimas. Estos criterios se constituirán en el marco de referencia para los procesos de homologación de títulos y certificaciones de educación técnico profesional y para la estructuración de ofertas formativas o planes de estudio que pretendan para sí el reconocimiento de validez nacional por parte del Ministerio de Educación, Ciencia y Tecnología.

ARTÍCULO 23. — Los diseños curriculares de las ofertas de educación técnico profesional que se correspondan con profesiones cuyo ejercicio pudiera poner en riesgo de modo directo la salud, la seguridad, los derechos o los bienes de los habitantes deberán, además, atender a las regulaciones de los distintos ejercicios profesionales y sus habilitaciones profesionales vigentes cuando las hubiere reconocidas por el Estado nacional.

ARTÍCULO 24. — Los planes de estudio de la Educación Técnico Profesional de nivel medio, tendrán una duración mínima de seis (6) años. Estos se estructurarán según los criterios organizativos adoptados por cada jurisdicción y resguardando la calidad de tal Servicio Educativo Profesionalizante.

ARTÍCULO 25. — Las autoridades educativas jurisdiccionales, sobre la base de los criterios básicos y parámetros mínimos establecidos en los artículos anteriores, formularán sus planes de estudio y establecerán la organización curricular adecuada para su desarrollo, fijando los requisitos de ingreso, la cantidad de años horas anuales de cada oferta de educación técnico profesional de nivel medio o superior no universitario y la carga horaria total de las ofertas de formación profesional.

CAPÍTULO V
TÍTULOS Y CERTIFICACIONES

ARTÍCULO 26. — Las autoridades educativas jurisdiccionales en función de los planes de estudios que aprueben, fijarán los alcances de la habilitación profesional correspondiente y el Ministerio de Educación, Ciencia y Tecnología otorgará la validez nacional y la consiguiente habilitación profesional de los títulos, en el marco de los acuerdos alcanzados en el Consejo Federal de Cultura y Educación.

ARTÍCULO 27. — El Consejo Federal de Cultura y Educación acordará los niveles de cualificación como marco dentro del cual se garantizará el derecho de cada trabajador a la evaluación, reconocimiento y certificación de los saberes y capacidades adquiridos en el trabajo o por medio de modalidades educativas formales o no formales.

ARTÍCULO 28. — Las autoridades educativas de las jurisdicciones organizarán la evaluación y certificación de los saberes y las capacidades adquiridas según los niveles de cualificación establecidos por el Consejo Federal de Cultura y Educación.

TÍTULO IV
MEJORA CONTINUA DE LA CALIDAD DE LA EDUCACIÓN TÉCNICO PROFESIONAL

CAPÍTULO I
DE LOS DOCENTES Y RECURSOS

ARTÍCULO 29. — El Ministerio de Educación, Ciencia y Tecnología concertará en el Consejo Federal de Cultura y Educación la implementación de programas federales de formación continua que aseguren resultados igualmente calificados para todas las especialidades, que actualicen la formación de los equipos directivos y docentes de las instituciones de educación técnico profesional, y que promuevan la pertinencia social, educativa y productiva de dichas instituciones.

ARTÍCULO 30. — El Ministerio de Educación, Ciencia y Tecnología concertará en el Consejo Federal de Cultura y Educación la implementación de modalidades para que: i) los profesionales de nivel superior universitario o no universitario egresados en campos afines a las diferentes ofertas de educación técnico profesional, puedan realizar estudios pedagógicos —en instituciones de educación superior universitaria o no universitaria— que califiquen su ingreso y promoción en la carrera docente; ii) los egresados de carreras técnico profesionales de nivel medio que se desempeñen en instituciones del mismo nivel, reciban actualización técnico científica y formación pedagógica, que califiquen su carrera docente.

CAPÍTULO II
DEL EQUIPAMIENTO

ARTÍCULO 31. — El Ministerio de Educación, Ciencia y Tecnología, a través del Instituto Nacional de Educación Tecnológica y con participación jurisdiccional, en forma gradual, continua y estable, asegurará niveles adecuados de equipamiento para talleres, laboratorios, entornos virtuales de aprendizaje u otros, de modo que permitan acceder a saberes científico técnicos - tecnológicos actualizados y relevantes y desarrollar las prácticas profesionalizantes o productivas en las instituciones de educación técnico profesional.

CAPÍTULO III
DEL ORDENAMIENTO Y ORGANIZACIÓN DEL SERVICIO EDUCATIVO

ARTÍCULO 32. — En función de la mejora continua de la calidad de la educación técnico profesional créase, en el ámbito del Instituto Nacional de Educación Tecnológica, el Registro Federal de Instituciones de Educación Técnico Profesional y el Catálogo Nacional de Títulos y Certificaciones y establécese el proceso de la Homologación de Títulos y Certificaciones. Dichos instrumentos, en forma combinada, permitirán:

a) Garantizar el derecho de los estudiantes y de los egresados a la formación y al reconocimiento, en todo el territorio nacional, de estudios, certificaciones y títulos de calidad equivalente.

b) Definir los diferentes ámbitos institucionales y los distintos niveles de certificación y titulación de la educación técnico profesional.

c) Propiciar la articulación entre los distintos ámbitos y niveles de la educación técnico-profesional. d) Orientar la definición y el desarrollo de programas federales para el fortalecimiento y mejora de las instituciones de educación técnico profesional.

ARTÍCULO 33. — El Ministerio de Educación, Ciencia y Tecnología, a través del Instituto Nacional de Educación Tecnológica y con participación jurisdiccional, tendrá a su cargo la administración del Registro Federal de Instituciones de Educación Técnico Profesional, del Catálogo Nacional de Títulos y Certificaciones y del proceso de Homologación de Títulos y Certificaciones.

CAPÍTULO IV

REGISTRO FEDERAL DE INSTITUCIONES DE EDUCACIÓN TÉCNICO PROFESIONAL

ARTÍCULO 34. — El Registro Federal de Instituciones de Educación Técnico Profesional es la instancia de inscripción de las instituciones que pueden emitir títulos y certificaciones de Educación Técnico Profesional. Estará integrado por las instituciones de Educación Técnico Profesional que incorporen las jurisdicciones, conforme a la regulación reglamentaria correspondiente. La información de este registro permitirá: i) diagnosticar, planificar y llevar a cabo planes de mejora que se apliquen con prioridad a aquellas escuelas que demanden un mayor esfuerzo de reconstrucción y desarrollo; ii) fortalecer a aquellas instituciones que se puedan preparar como centros de referencia en su especialidad técnica; y iii) alcanzar en todas las instituciones incorporadas los criterios y parámetros de calidad de la educación técnico profesional acordados por el Consejo Federal de Cultura y Educación.

ARTÍCULO 35. — El Ministerio de Educación, Ciencia y Tecnología, a través del Instituto Nacional de Educación Tecnológica y con participación jurisdiccional, implementará para las instituciones incorporadas al Registro Federal de Instituciones de Educación Técnico Profesional programas de fortalecimiento institucional, los cuales contemplarán aspectos relativos a formación docente continua, asistencia técnica y financiera.

CAPÍTULO V

CATALOGO NACIONAL DE TÍTULOS Y CERTIFICACIONES

ARTÍCULO 36. — El Catálogo Nacional de Títulos y Certificaciones, organizado en función de las familias y perfiles profesionales adoptadas para la definición de las ofertas formativas según el artículo 22 de la presente, es la nómina exclusiva y excluyente de los títulos y/o certificaciones profesionales y sus propuestas curriculares que cumplen con las especificaciones reguladas por la presente ley para la educación técnico profesional. Sus propósitos son evitar la duplicación de titulaciones y certificaciones referidas a un mismo perfil profesional, y evitar que una misma titulación o certificación posean desarrollos curriculares diversos que no cumplan con los criterios mínimos de homologación, establecidos por el Consejo Federal de Cultura y Educación.

ARTÍCULO 37. — El Ministerio de Educación, Ciencia y Tecnología, a través del Instituto Nacional de Educación Tecnológica, garantizará que dicho catálogo actúe como un servicio permanente de información actualizada sobre certificaciones y títulos y sus correspondientes ofertas formativas.

CAPÍTULO VI
HOMOLOGACIÓN DE TÍTULOS Y CERTIFICACIONES

ARTÍCULO 38. — Los títulos de técnicos medios y técnicos superiores no universitarios y las certificaciones de formación profesional podrán ser homologados en el orden nacional a partir de los criterios y estándares de homologación acordados y definidos por el Consejo Federal de Cultura y Educación, los cuales deberán contemplar aspectos referidos a: perfil profesional y trayectorias formativas.

ARTÍCULO 39. — El Ministerio de Educación, Ciencia y Tecnología, a través del Instituto Nacional de Educación Tecnológica y con participación jurisdiccional, garantizará el desarrollo de los marcos y el proceso de homologación para los diferentes títulos y/o certificaciones profesionales para ser aprobados por el Consejo Federal de Cultura y Educación.

CAPÍTULO VII
DE LA IGUALDAD DE OPORTUNIDADES

ARTÍCULO 40. — El Ministerio de Educación, Ciencia y Tecnología implementará acciones específicas para garantizar el acceso, permanencia y completamiento de los trayectos formativos en la educación técnico profesional, para los jóvenes en situación de riesgo social o con dificultades de aprendizaje. Dichas acciones incluirán como mínimo los siguientes componentes: i) Materiales o becas específicas para solventar los gastos adicionales de escolaridad para esta población, en lo que respecta a insumos, alimentación y traslados; ii) Sistemas de tutorías y apoyos docentes extraclase para nivelar saberes, preparar exámenes y atender las necesidades pedagógicas particulares de estos jóvenes. Asimismo, se ejecutarán una línea de acción para promover la incorporación de mujeres como alumnas en la educación técnico profesional en sus distintas modalidades, impulsando campañas de comunicación, financiando adecuaciones edilicias y regulando las adaptaciones curriculares correspondientes, y toda otra acción que se considere necesaria para la expansión de las oportunidades educativas de las mujeres en relación con la educación técnico profesional.

TÍTULO V
DEL GOBIERNO Y ADMINISTRACIÓN DE LA EDUCACIÓN TÉCNICO PROFESIONAL

CAPÍTULO I
DISPOSICIONES GENERALES

ARTÍCULO 41. — El gobierno y administración de la Educación Técnico Profesional, es una responsabilidad concurrente y concertada del Poder Ejecutivo nacional, de los Poderes Ejecutivos de las provincias y del Gobierno de la Ciudad Autónoma de Buenos Aires, en orden a los principios de unidad nacional, democratización, autonomía jurisdiccional y federalización, participación, equidad, intersectorialidad, articulación e innovación y eficiencia.

CAPÍTULO II
DE LAS FUNCIONES DEL MINISTERIO DE EDUCACIÓN, CIENCIA Y TECNOLOGÍA

ARTÍCULO 42. — El Ministerio de Educación, Ciencia y Tecnología, deberá establecer con el acuerdo del Consejo Federal de Cultura y Educación:

a) La normativa general de la educación técnico profesional dentro del marco de la presente ley, con el consenso y la participación de los actores sociales.

b) Los criterios y parámetros de calidad hacia los cuales se orientarán las instituciones que integren el Registro Federal de Instituciones de Educación Técnico Profesional.

c) La nómina de títulos técnicos medios y técnicos superiores y de certificaciones de formación profesional que integrarán el Catálogo Nacional de Títulos y Certificaciones.

d) Los criterios y estándares para la homologación de los títulos técnicos medios y técnicos superiores y de certificaciones de formación profesional.

e) Los niveles de cualificación referidos en el artículo 27.

CAPÍTULO III
DEL CONSEJO FEDERAL DE CULTURA Y EDUCACIÓN

ARTÍCULO 43. — El Consejo Federal de Cultura y Educación tendrá las siguientes funciones y responsabilidades:

a) Acordar los procedimientos para la creación, modificación y/o actualización de ofertas de educación técnico profesional.

b) Acordar los perfiles y las estructuras curriculares, y el alcance de los títulos y certificaciones relativos a la formación de técnicos medios y técnicos superiores no universitarios y a la formación profesional.

c) Acordar los criterios y parámetros de calidad hacia los cuales se orientarán las instituciones que integren el Registro Federal de Instituciones de Educación Técnico Profesional y los criterios y parámetros para la homologación de los títulos técnicos medios y técnicos superiores no universitarios y de las certificaciones de formación profesional.

d) Acordar los procedimientos de gestión del Fondo Nacional para la Educación Técnico Profesional y los parámetros para la distribución jurisdiccional.

CAPÍTULO IV
DE LAS AUTORIDADES JURISDICCIONALES

ARTÍCULO 44. — Las autoridades jurisdiccionales tendrán las siguientes atribuciones:

a) Establecer el marco normativo y planificar, organizar y administrar la educación técnico profesional en las respectivas jurisdicciones, en el marco de los acuerdos alcanzados en el seno del Consejo Federal de Cultura y Educación.

b) Generar los mecanismos para la creación de consejos provinciales, regionales y/o locales de Educación, Trabajo y Producción como espacios de participación en la formulación de las políticas y estrategias jurisdiccionales en materia de educación técnico profesional.

c) Participar en la determinación de las inversiones en equipamiento, mantenimiento de equipos, insumos de operación y desarrollo de proyectos institucionales para el aprovechamiento integral de los recursos recibidos para las instituciones de Educación Técnico Profesional, financiadas con el Fondo establecido por la presente ley en su artículo 52.

CAPÍTULO V
DEL INSTITUTO NACIONAL DE EDUCACIÓN TECNOLÓGICA

ARTÍCULO 45. — Reconócese en el ámbito del Ministerio de Educación, Ciencia y Tecnología al Instituto Nacional de Educación Tecnológica para cumplir con las siguientes responsabilidades y funciones:

a) Determinar y proponer al Consejo Federal de Cultura y Educación las inversiones en equipamiento, mantenimiento de equipos, insumos de operación y desarrollo de proyectos institucionales para el aprovechamiento integral de los recursos recibidos para las Instituciones de Educación Técnico Profesional, financiadas con el Fondo establecido por la presente ley en su artículo 52.

b) Promover la calidad de la educación técnico profesional para asegurar la equidad y la adecuación permanente de la oferta educativa a las demandas sociales y productivas a través de la coordinación de programas y proyectos en acuerdo con las pautas establecidas por el Consejo Federal de Cultura y Educación. Desarrollar los instrumentos necesarios para la evaluación de la calidad de las ofertas de Educación Técnico Profesional e intervenir en la evaluación.

c) Llevar a cabo el relevamiento y sistematización de las familias profesionales, los perfiles profesionales y participar y asesorar en el diseño curricular de las ofertas de Educación Técnico Profesional.

d) Ejecutar en el ámbito de su pertinencia acciones de capacitación docente.

e) Desarrollar y administrar el Registro Federal de Instituciones de Educación Técnico Profesional, el Catálogo Nacional de Títulos y Certificaciones y llevar a cabo el proceso de Homologación de Títulos y Certificaciones.

f) Administrar el régimen de la ley 22.317 del Crédito Fiscal.

CAPÍTULO VI
DEL CONSEJO NACIONAL DE EDUCACIÓN, TRABAJO Y PRODUCCIÓN
CREACIÓN

ARTÍCULO 46. — Créase el Consejo Nacional de Educación, Trabajo y Producción, sobre la base del Consejo Nacional de Educación - Trabajo, como órgano consultivo y propositivo en las materias y cuestiones que prevé la presente ley, cuya finalidad es asesorar al Ministro de Educación, Ciencia y Tecnología en todos los aspectos relativos al desarrollo y fortalecimiento de la educación técnico profesional. El Instituto Nacional de Educación Tecnológica del Ministerio de Educación, Ciencia y Tecnología ejercerá la Secretaría Permanente del mencionado organismo.

FUNCIONES

ARTÍCULO 47. — Las funciones del Consejo Nacional de Educación, Trabajo y Producción son:

a) Gestionar la colaboración y conciliar los intereses de los sectores productivos y actores sociales en materia de educación técnico profesional.

b) Promover la vinculación de la educación técnico profesional con el mundo laboral a través de las entidades que cada miembro representa, así como la creación de consejos provinciales de educación, trabajo y producción.

c) Proponer orientaciones para la generación y aplicación de fuentes de financiamiento para el desarrollo de la educación técnico profesional.

d) Asesorar en los procesos de integración regional de la educación técnico profesional, en el MERCOSUR u otros acuerdos regionales o bloques regionales que se constituyan, tanto multilaterales como bilaterales.

INTEGRACIÓN

ARTÍCULO 48. — El Consejo Nacional de Educación, Trabajo y Producción estará integrado por personalidades de destacada y reconocida actuación en temas de educación técnico profesional, producción y empleo, y en su conformación habrá representantes del Ministerio de Educación, Ciencia y Tecnología, Ministerio de Trabajo, Empleo y Seguridad Social, Ministerio de Economía y Producción, del Consejo Federal de Cultura y Educación, de las cámaras empresariales –en particular de la pequeña y mediana empresa –, de las organizaciones de los trabajadores, incluidas las entidades gremiales docentes, las entidades profesionales de técnicos, y de entidades empleadoras que brindan educación técnico profesional de gestión privada. Los miembros serán designados por el Ministro de Educación, Ciencia y Tecnología, a propuesta de los sectores mencionados, y desempeñarán sus funciones "ad honorem" y por tiempos limitados.

CAPÍTULO VII
COMISIÓN FEDERAL DE EDUCACIÓN TÉCNICO PROFESIONAL

ARTÍCULO 49. — Créase la Comisión Federal de Educación Técnico Profesional con el propósito de garantizar los circuitos de consulta técnica para la formulación y el seguimiento de los programas federales orientados a la aplicación de la presente ley, en el marco de los acuerdos del Consejo Federal de Cultura y Educación. El Instituto Nacional de Educación Tecnológica ejercerá la coordinación de la misma. Para el seguimiento del proceso, resultados e impacto de la implementación de la presente ley, la Comisión Federal articulará: i) Con el organismo con competencia en información educativa los procedimientos para captar datos específicos de las instituciones educativas; ii) Con el INDEC, los procedimientos para captar información a través de la Encuesta Permanente de Hogares sobre la inserción ocupacional según modalidad de estudios cursados.

ARTÍCULO 50. — Esta Comisión estará integrada por los representantes de las provincias y del Gobierno de la Ciudad Autónoma de Buenos Aires, designados por las máximas autoridades jurisdiccionales respectivas, siendo sus funciones "ad honorem".

TÍTULO VI
FINANCIAMIENTO

ARTÍCULO 51. — Es responsabilidad indelegable del Estado asegurar el acceso a todos los ciudadanos a una educación técnico profesional de calidad. La inversión en la educación técnico profesional se atenderá con los recursos que determinen los presupuestos Nacional, Provinciales y de la Ciudad Autónoma de Buenos Aires, según corresponda.

ARTÍCULO 52. — Créase el Fondo Nacional para la Educación Técnico Profesional que será financiado con un monto anual que no podrá ser inferior al CERO COMA DOS POR CIENTO (0,2%) del total de los Ingresos Corrientes previstos en el Presupuesto Anual Consolidado para el Sector Público Nacional, que se computarán en forma adicional a los recursos que el Ministerio de Educación, Ciencia y Tecnología tiene asignados a otros programas de inversión en escuelas. Este Fondo podrá incorporar aportes de personas físicas y jurídicas, así como de otras fuentes de financiamiento de origen nacional o internacional.

ARTÍCULO 53. — Los parámetros para la distribución entre provincias y la Ciudad Autónoma de Buenos Aires y los procedimientos de gestión del Fondo Nacional para la Educación Técnica Profesional se acordarán en el Consejo Federal de Cultura y Educación. Los recursos se aplicarán a equipamiento, mantenimiento de equipos, insumos de operación, desarrollo de proyectos institucionales y condiciones edilicias para el aprovechamiento integral de los recursos recibidos.

ARTÍCULO 54. — Reconócese en el ámbito del Ministerio de Educación, Ciencia y Tecnología al Instituto Nacional de Educación Tecnológica como órgano de aplicación de la Ley 22.317 y modificatorias.

TÍTULO VII
NORMAS TRANSITORIAS Y COMPLEMENTARIAS

ARTÍCULO 55. — El Ministerio de Educación, Ciencia y Tecnología concertará con el Consejo Federal de Cultura y Educación, un procedimiento de transición para resguardar los derechos de los estudiantes de las instituciones de educación técnico profesional, hasta tanto se completen los procesos de ingreso al Registro Federal de Instituciones de Educación Técnico Profesional y de construcción del Catálogo Nacional de Títulos y Certificaciones.

ARTÍCULO 56. — Invítase a las provincias y a la Ciudad Autónoma de Buenos Aires a adecuar su legislación educativa en consonancia con la presente ley.

ARTÍCULO 57. — Comuníquese al Poder Ejecutivo.

DADA EN LA SALA DE SESIONES DEL CONGRESO ARGENTINO, EN BUENOS AIRES, A LOS SIETE DIAS DEL
MES DE SETIEMBRE DEL AÑO DOS MIL CINCO.
— REGISTRADA BAJO EL N° 26.058 —
EDUARDO O. CAMAÑO. — DANIEL O. SCIOLI. — Eduardo D. Rollano. — Juan Estrada.

DIRECCIÓN GENERAL DE CULTURA
Y EDUCACIÓN

GOBIERNO DE LA PROVINCIA
DE BUENOS AIRES

DIRECCIÓN DE EDUCACIÓN SUPERIOR

SUBDIRECCIÓN DE FORMACIÓN TÉCNICA

OFERTA DE CARRERAS 2009

DISTRITO	INSTITUTO	CARRERAS	RESOLUCIÓN	TELÉFONO	DIRECCIÓN
A. Brown	I.S.F.D. y T. N° 53	Tecnicatura Superior en Trabajo Social	1666/06	03224-431654 abonado 213 Fax Loc Contestador al Director	Moreno N° 261
A. Brown		Trabajo Social	193/93 - 574/91 - 491/90 - 312/89 - 27/87		
Arrecifes	I.S.F.D. y T. N° 123	Analista en Calidad de Alimentos	6791/00 - 11297/97	02478-452570	Urquiza 612
Arrecifes		Técnico Sup. en Adm. Agropecuaria	5833/03		
Ayacucho	I.S.F.D. Y T. N° 87	Analista en Servicios Gastronómicos	1275/99	02296-454806 / 451002 fax C Esc	Belgrano N° 720
Ayacucho		Tecnicatura Superior en Adm. Pública Municipal	2407/03		
Ayacucho		Técnico Sup. en Adm. Agropecuaria	5833/03		
Azul	I.S.F.D. y T. N° 2	Tecnicatura Superior en Adm. Pública	e/t	02281-422468 / 433394 loc	Colón N° 498
Azul		Tecnicatura Superior en Adm. Pública Municipal	2407/03		
Azul		Tecnicatura Superior en Administración de PyMES	5835/03		
Azul		Tecnicatura Superior en Gestión Cultural	1239/07		
B. Blanca	I.S.F.T.N° 190 Ext. Blanca	Técnico Sup. en Seg. e Higiene y Control Ambiental Industrial	931/95	0291-4513630 fax / 02932-435160	Azara 1250
B. Blanca	I.S.F.T. N° 191	Tecnicatura Superior en Adm. Contable	273/03	0291-4553231 / 4551219 fax Empl Comercio	19 de Mayo 25
B. Blanca		Tecnicatura Superior en Administración de PyMES	5835/03		
B. Blanca		Tecnicatura Superior en Logística	1557/08		
B. Blanca		Tecnicatura Superior en Logística	6553/05		

DISTRITO	INSTITUTO	CARRERAS	RESOLUCIÓN	TELÉFONO	DIRECCIÓN
Balcarce	I.S.F.D. y T. N° 32	Tecnicatura Superior en Análisis de Sistemas	5817/03	02266-421305	Calle 17 N° 622
Balcarce		Tecnicatura Superior en Análisis, Desarrollo y Programación de Aplicaciones	6175/03		
Balcarce		Tecnicatura Superior en Turismo	280/03		
Balcarce		Tecnicatura Superior en Bibliotecología	6161/03 - 1541/04		
Baradero	I.S.F.T. N° 192	Analista en Calidad de Alimentos	6791/00 - 11297/97	03329-480266	Santa María de Oro 971
Baradero		Tecnicatura Superior en Adm. de Recursos Humanos	276/03		
Baradero		Tecnicatura Superior en Administración de PyMES	5835/03		
Baradero		Tecnicatura Superior en Enfermería	5011/04		
Baradero		Técnico Sup. en Seg. e Higiene y Control Ambiental Industrial	931/95		
Bolívar	I.S.F.D. y T. N° 27	Tecnicatura Superior en Adm. de Recursos Humanos	276/03	02314-425248 RPV: 30017	Güemes N° 62
Bolívar		Tecnicatura Superior en Prod. Agrícola Ganadera	5818/03 - 1411/04		
Bolívar		Tecnicatura Superior en Administración con Orientación en Cooperativas y Mutuales	4033/05		
Bragado	I.S.F.D. y T. N° 78	Tecnicatura Superior en Adm. General	261/03	02342-422351	Dr. P. Núñez N° 581
Bragado		Tecnicatura Superior en Redes Informáticas	6164/03		

DISTRITO	INSTITUTO	CARRERAS	RESOLUCIÓN	TELÉFONO	DIRECCIÓN
C Brandsen		Psicopedagogía	3839/98		
C Brandsen		Tecnicatura Superior en Análisis de Sistemas	5817/03		
C Brandsen		Tecnicatura Superior en Análisis, Desarrollo y Programación de Aplicaciones	6175/03		
C Brandsen	I.S.F.D. y T. N° 49	Tecnicatura Superior en Prod. Agrícola Ganadera	5818/03 - 1411/04	02223-442254 / 442477 fax Secr Insp	Paso N° 210
C Brandsen		Tecnicatura Superior en Turismo	280/03		
C Brandsen		Tecnicatura Superior en Trabajo Social	1666/06		
C Brandsen		Trabajo Social	193/93 - 574/91 - 491/90 - 312/89 - 27/87		
C Casares	I.S.F.D. y T. N° 80	Tecnicatura Superior en Análisis, Desarrollo y Programación de Aplicaciones	6175/03	02395-451698	Soler 110
C Casares		Tecnicatura Superior en Redes Informáticas	6164/03		
C de Patagones	I.S.F.D. y T. N° 25	Tecnicatura Superior en Análisis de Sistemas	5817/03	02920-462335 / 462531 loc	Alsina N° 28
C de Patagones		Tecnicatura Superior en Trabajo Social	1666/06		
C de Patagones		Trabajo Social	193/93 - 574/91 - 491/90 - 312/89 - 27/87		
C Pringles		Tecnicatura Superior en Adm. Contable	273/03		
C Pringles	I.S.F.D. y T. N° 158	Tecnicatura Superior en Adm. de Recursos Humanos	276/03	02922-462178 (Compartido) / 463241 fax	Avda. 25 de Mayo N° 1150
C Pringles		Tecnicatura Superior en Análisis de Sistemas	5817/03		
C Pringles		Tecnicatura Superior en Trabajo Social	1666/06		

DISTRITO	INSTITUTO	CARRERAS	RESOLUCIÓN	TELÉFONO	DIRECCIÓN
C Rosales	I.S.F.D. y T. N° 159	Tecnicatura Superior en Trabajo Social	1666/06	02932-422262 / 421368	Villanueva N° 277
C Rosales		Trabajo Social	193/93 – 574/91 – 491/90 – 312/89 – 27/87		
C Rosales	I.S.F.T. N° 190	Tecnicatura Superior en Administración de PyMES	5835/03	0291-4513630 fax / 02932-435160	Villanueva N° 175
C Rosales		Tecnicatura Superior en Redes Informáticas	6164/03		
C Rosales		Técnico Sup. En Seg. E Higiene y Control Ambiental Industrial	931/95		
C Sarmiento	I.S.F.D. y T. N° 138	Tecnicatura Superior en Trabajo Social	1666/06	02478-481927 / 481927 fax	Pte. Perón y Belgrano 604
C Suarez		Tecnicatura Superior en Adm. Contable	273/03		
C Suarez		Tecnicatura Superior en Administración de PyMES	5835/03		
C Suarez		Tecnicatura Superior en Análisis de Sistemas	5817/03		
C Suarez		Tecnicatura Superior en Análisis, Desarrollo y Programación de Aplicaciones	6175/03		
C Suarez	I.S.F.D. y T. N° 48	Tecnicatura Superior en Comunicación Multimedial	6179/03	02926-431665 tel/fax	Sarmiento 463
C Suarez		Tecnicatura Superior en Trabajo Social	1666/06		
C Suarez		Técnico Sup. En Adm. Agropecuaria	5833/03		
C Suarez		Trabajo Social	193/93 – 574/91 – 491/90 – 312/89 – 27/87		
C Suarez	I.S.F.D. y T. N° 48 Ext. Huanguelen	Tecnicatura Superior en Administración de PyMES	5835/03	02933-432436 (compartido)	Calle 9 N° 339
C Suarez		Tecnicatura Superior en Análisis de Sistemas	5817/03		
C Suarez		Tecnicatura Superior en Comunicación Multimedial	6179/03		

DISTRITO	INSTITUTO	CARRERAS	RESOLUCIÓN	TELÉFONO	DIRECCIÓN
C Tejedor		Tecnicatura Superior en Adm. Pública	e/t	02357-420140 / 420914 / 420569 C Esc / 420102 Secr Insp	Alem N° 381
C Tejedor	I.S.F.T. N° 150	Tecnicatura Superior en Administración de PyMES	5835/03		
C Tejedor		Tecnicatura Superior en Bibliotecología	6161/03 - 1541/04		
C Tejedor		Tecnicatura Superior en Enfermería	5011/04		
Campana		Psicopedagogía	3839/98		Lavalle y Rivadavia
Campana		Tecnicatura Superior en Adm. Pública	e/t	03489-422931 Fax	
Campana	I.S.F.D. y T. N° 15	Tecnicatura Superior en Bibliotecología	6161/03 - 1541/04		
Campana		Tecnicatura Superior en Gestión Cultural	1239/07		
Campana		Técnico Sup. en Comunicación Social	799/01		
Campana	I.S.F.T. N° 187 Ext Campana	Tecnicatura Superior en Redes Informáticas	6164/03	03489-444771	Intendente Moro 1122
Campana		Técnico Sup. en Seg. e Higiene y Control Ambiental Industrial	931/95		
Chacabuco		Tecnicatura Superior en Adm. General	261/03	02352-431659 / 427281 / 452148 fax	Zapiola N° 215
Chacabuco		Tecnicatura Superior en Administración de PyMES	5835/03		
Chacabuco		Tecnicatura Superior en Análisis de Sistemas	5817/03		
Chacabuco	I.S.F.T. N° 132	Tecnicatura Superior en Análisis, Desarrollo y Programación de Aplicaciones	6175/03		
Chacabuco		Tecnicatura Superior en Comunicación Multimedial	6179/03		
Chacabuco		Tecnicatura Superior en Prod. Agrícola Ganadera	5818/03 - 1411/04		
Chacabuco		Tecnicatura Superior en Prod. Agrícola Ganadera - O'HIGGINS	5818/03 - 1411/04		

DISTRITO	INSTITUTO	CARRERAS	RESOLUCIÓN	TELÉFONO	DIRECCIÓN
Chacabuco	I.S.F.T. N° 132	Tecnicatura Superior en Enfermería	5011/04	02352-431659 / 427281 / 452148 fax	Zapiola N° 215
Chacabuco		Tecnicatura Superior en Enfermería - RAWSON	5011/04		
Chacabuco		Tecnicatura Superior en Farmacia Hospitalaria	1884/05		
Chacabuco		Tecnicatura Superior en Promoción y Desarrollo de Emprendimientos Agropecuarios			
Chascomús	I.S.F.D. y T. N° 57	Tecnicatura Superior en Adm. General	261/03	02241-436755 / 422497 Secre Insp fax	San Martín 77
Chascomús		Tecnicatura Superior en Prod. Agrícola Ganadera	5818/03 - 1411/04		
Chascomús		Tecnicatura Superior en Trabajo Social	1666/06		
Chascomús	I.S.F.D. y T. N° 57 Ext. Lezama	Tecnicatura Superior en Turismo	280/03	02242-432350	Avda. San Martín N° 405
Colón	I.S.F.D. y T. N° 124	Tecnicatura Superior en Adm. Contable	273/03	02473-421068	Calle 42 e/13 y 14
Colón		Tecnicatura Superior en Adm. de Recursos Humanos	276/03		
Colón		Tecnicatura Superior en Administración con Orientación en Cooperativas y Mutuales	4033/05		
Colón		Tecnicatura Superior en Enfermería	5011/04		
Colón		Técnico Sup. en Adm. Agropecuaria	5833/03		
Colón		Técnico Sup. en Comunicación Social	799/01		
Dolores	I.S.F.D. y T. N° 26	Tecnicatura Superior en Adm. Pública	e/t	02245-443171 / 442214 C.E. / 02241-15673517	Marques 51
Dolores		Tecnicatura Superior en Bibliotecología	6161/03 - 1541/04		

DISTRITO	INSTITUTO	CARRERAS	RESOLUCIÓN	TELÉFONO	DIRECCIÓN
Dolores	I.S.F.D. y T. N° 26	Tecnicatura Superior en Trabajo Social	1666/06	02245-443171 / 442214 C.E. / 02241-15673517	Marques 51
Dolores		Técnico Sup. en Adm. Agropecuaria	5833/03		
Dolores		Trabajo Social	193/93 - 574/91 491/90 - 312/89 - 27/87		
E Echeverría	I.S.F.D. y T. N° 35	Bibliotecario de Instituciones Educativas (Semipresencial)	119/01	011-42814542 tel / 42966069 fax int 33	Amat N° 279
E Echeverría		Tecnicatura Superior en Bibliotecología	6161/03 - 1541/04		
Ensenada		Tecnicatura Superior en Adm. con Orient. en Comercio Exterior	5836/03		San Martín y Chile
Ensenada		Tecnicatura Superior en Guía de Turismo	279/03		
Ensenada	I.S.F.D. y T. N° 136	Tecnicatura Superior en Industria Textil e Indumentaria	847/05	0221-4691351	
Ensenada		Tecnicatura Superior en Turismo	280/03		
Ensenada		Tecnicatura Superior en Gestión Ambiental y Salud	442/08		
Ensenada		Técnico Superior en Manejo Ambiental	1608/95		
Ensenada	I.S.F.T. N° 193	Tecnicatura Superior en Construcciones Navales	687/07	5217700 int 7430	H. Yrigoyen y Don Bosco s/n°
Ensenada		Técnico Sup. en Mantenimiento Industrial	3650/00		
Escobar	I.S.F.D. y T. N° 55	Tecnicatura Superior en Guía de Turismo	279/03	03488-422354	Estrada y Belgrano
Escobar		Tecnicatura Superior en Turismo	280/03		
G Alvarado	I.S.F.D. y T. N° 81	Tecnicatura Superior en Adm. Pública	e/t	02291-422360 tel/fax	Calle 31 N° 1632
G Alvarado		Tecnicatura Superior en Hotelería	278/03		
G Alvarado		Tecnicatura Superior en Turismo	280/03		

DISTRITO	INSTITUTO	CARRERAS	RESOLUCIÓN	TELÉFONO	DIRECCIÓN
G Alvarado		Analista en Calidad de Alimentos	6791/00 – 1297/97		
G Alvarado		Tecnicatura Superior en Análisis de Sistemas	5817/03		
G Alvarado	I.S.F.T. N° 194	Tecnicatura Superior en Análisis, Desarrollo y Programación de Aplicaciones	6175/03	02291-421626	28 N° 1273 e/25 y 23
G Alvarado		Tecnicatura Superior en Análisis de Alimentos	115/05		
G Alvarado		Tecnicatura Superior en Enfermería	5011/04		
G Alvear		Psicopedagogía	3839/98		
G Alvear	I.S.F.D. y T. N° 76	Tecnicatura Superior en Enfermería	5011/04	02344-481794 tel/fax	Hipólito Irigoyen 690
G Alvear		Tecnicatura Superior en Trabajo Social	1666/06		
G Belgrano		Tecnicatura Superior en Adm. De Marketing	5834/03		
G Belgrano	I.S.F.D. y T. N° 74	Tecnicatura Superior en Adm. Pública Municipal	2407/03	02243-452192 / 452167 Fax CE	Avda. San Martín N° 645
G Belgrano		Tecnicatura Superior en Prod. Agrícola Ganadera	5818/03 – 1411/04		
G Belgrano		Tecnicatura Superior en Turismo	280/03		
G Chaves		Tecnicatura Superior en Adm. De Recursos Humanos	276/03	02983-482081 comp / 481747fax	Maipú N° 684
G Chaves	I.S.F.D. y T. N° 68	Tecnicatura Superior en Comunicación Multimedial	6179/03		
G Lamadrid	I.S.F.D. y T. N° 72	Tecnicatura Superior en Análisis de Sistemas	5817/03	02286-471292 / 420038 fax C.E.	Moreno N° 353
G Lamadrid		Tecnicatura Superior en Trabajo Social	1666/06		

127

DISTRITO	INSTITUTO	CARRERAS	RESOLUCIÓN	TELÉFONO	DIRECCIÓN
G Las Heras		Tecnicatura Superior en Análisis de Sistemas	5817/03	0220-4761279 / 4771189 Ext M Paz	Juez Dumont S/N°
G Las Heras	I.S.F.D. y T. N° 44	Tecnicatura Superior en Bibliotecología	6161/03 – 1541/04		
G Las Heras		Tecnicatura Superior en Trabajo Social	1666/06		
G Las Heras		Técnico Sup. En Adm. Agropecuaria	5833/03		
G Madariaga		Tecnicatura Superior en Análisis, Desarrollo y Programación de Aplicaciones	6175/03	02267-424314 / 425087 Fax	Martínez N° 231
G Madariaga	I.S.F.D. y T. N° 59	Tecnicatura Superior en Prod. Agrícola Ganadera	5818/03 – 1411/04		
G Madariaga		Técnico Sup. En Adm. Agropecuaria	5833/03		
G Paz	I.S.F.D. y T. N° 57 Ext. Ranchos	Tecnicatura Superior en Análisis de Sistemas	5817/03	02241-481021 RPV 43000	Centurión 3220
G Paz		Tecnicatura Superior en Enfermería	5011/04		
G Pinto	I.S.F.D. y T. N° 133	Tecnicatura Superior en Administración de PyMES	5835/03	02356-420060	Mitre N° 115
G Pinto		Tecnicatura Superior en Enfermería	5011/04		
G Pueyrredón	I.S.F.D. y T. N° 19	Tecnicatura Superior en Comunicación Multimedial	6179/03	0223-4514371 / 4519664	Almafuerte N° 571 / 565
G Pueyrredón		Tecnicatura Superior en Análisis de Sistemas	5817/03		
G Pueyrredón		Tecnicatura Superior en Industria Textil e Indumentaria	847/05	0223-4733492	San Luis N° 1445
G Pueyrredón	I.S.F.T. N° 151	Tecnicatura Superior en Construcciones Navales	687/07		
G Pueyrredón		Tecnicatura Superior en Logística	6553/05		
G Pueyrredón		Tecnicatura Superior en Logística	1557/08		

DISTRITO	INSTITUTO	CARRERAS	RESOLUCIÓN	TELÉFONO	DIRECCIÓN
G Rodríguez	I.S.F.T. N° 188	Tecnicatura Superior en Tecnología en Salud con Espec. En Lab. De Análisis Clínicos	5140/03	0237-4507707 / 4842820	Pueyrredón 781
G Rodríguez		Técnico Sup. En Energía con Orient. Industrial	794/01		
G Rodríguez		Técnico Sup. En Seg. E Higiene y Control Ambiental Industrial	931/95		
G San Martín	I.S.F.D. y T. N° 114	Tecnicatura Superior en Análisis de Sistemas	5817/03	011-47682545 / 2595 / 2695	Calle 83 N° 5035
G San Martín		Tecnicatura Superior en Comunicación Multimedial	6179/03		
G San Martín		Técnico Sup. En Mantenimiento Industrial	3650/00		
G San Martín	I.S.F.T. N° 183	Tecnicatura Superior en Adm. De Marketing	5834/03	011-47551900	Ayacucho N° 537
G San Martín		Tecnicatura Superior en Administración de PyMES	5835/03		
G San Martín		Técnico Sup. En Seg. E Higiene y Control Ambiental Industrial	931/95		
G Villegas	I.S.F.T. N° 145	Tecnicatura Superior en Adm. General	261/03	03388-421262	Rivadavia N° 582
G Villegas		Tecnicatura Superior en Trabajo Social	1666/06		
G Villegas		Técnico Sup. En Adm. Agropecuaria	5833/03		
Guaminí	I.S.F.D. N° 73	Tecnicatura Superior en Trabajo Social	1666/06	02929-432223 / 430048 fax	San Martín 332
Junín	I.F.D.yT. N° 20 U P Junín N° 13	Tecnicatura Superior en Instalación y Mantenimiento de Sistemas de Cómputos	780/04		Pastor Bauman y Ruta 188
Junín	I.S.F.D. y T. N° 129	Tecnicatura Superior en Diseño Industrial	3803/06	02362-421818 / 429031	Almafuerte 308

DISTRITO	INSTITUTO	CARRERAS	RESOLUCIÓN	TELÉFONO	DIRECCIÓN
Junín		Psicopedagogía	3839/98		
Junín	I.S.F.D. y T. N° 20	Tecnicatura Superior en Administración de PyMES	5835/03	02362-443371	Almafuerte N° 300
Junín		Tecnicatura Superior en Análisis de Sistemas	5817/03		
Junín		Tecnicatura Superior en Análisis, Desarrollo y Programación de Aplicaciones	6175/03		
L de Zamora	I.S.F.D. y T. N° 18	Fonoaudiología	4687/97 - 554/82 - 230/83	011-42026462	Alsina N° 1032/52
L de Zamora	I.S.F.T. N° 172	Tecnicatura Superior en Análisis de Sistemas	5817/03	011-42445848 fax	M. Piaggio Esq. Aragona S/N
L de Zamora		Tecnicatura Superior en Análisis, Desarrollo y Programación de Aplicaciones	6175/03		
L de Zamora		Tecnicatura Superior en Guía de Turismo	279/03		
L de Zamora	I.S.F.T. N° 173	Tecnicatura Superior en Hotelería	278/03	011-42434148 / 42456073	H. Irigoyen N° 9243
L de Zamora		Tecnicatura Superior en Turismo	280/03		
L N Alem	I.S.F.D. y T. N° 20 Ext. Vedia	Tecnicatura Superior en Administración de PyMES	5835/03		Avda. Dunckler 555
L N Alem		Tecnicatura Superior en Enfermería	5011/04		
La Costa		Tecnicatura Superior en Adm. de Propiedad Horizontal	3561/04		
La Costa		Tecnicatura Superior en Análisis de Sistemas	5817/03		
La Costa	I.S.F.D. y T. N° 89	Tecnicatura Superior en Hotelería	278/03	0222-57429553	Entre Ríos 555
La Costa		Tecnicatura Superior en Administración con Orientación en Cooperativas y Mutuales	4033/05		
La Costa		Tecnicatura Superior en Economía Social en Contextos Rurales	3669/07		
La Costa		Tecnicatura Superior en Gestión Cultural	1239/07		

DISTRITO	INSTITUTO	CARRERAS	RESOLUCIÓN	TELÉFONO	DIRECCIÓN
La Costa	I.S.F.D. y T. N° 89	Tecnicatura Superior en Trabajo Social	1666/06	0222-5742953	Entre Rios 555
La Costa		Técnico Sup. en Seg. e Higiene y Control Ambiental Industrial	931/95		
La Matanza		Psicopedagogía	3839/98		
La Matanza	I.S.F.D. y T. N° 46	Tecnicatura Superior en Análisis de Sistemas	5817/03	011-46586285 / 46544437 fax	Pueyrredón 1250
La Matanza		Tecnicatura Superior en Análisis, Desarrollo y Programación de Aplicaciones	6175/03		
La Matanza		Tecnicatura Superior en Turismo	280/03		
La Matanza		Tecnicatura Superior en Administración de PyMES	5835/03	011-46983009 / 46981100 / 46261542 Subsede / 02202-438256 loc	Ruta 3 Km. 28
La Matanza	I.S.F.D. y T. N° 56	Tecnicatura Superior en Automatismo, Control y Robótica	2789/06		
La Matanza		Tecnicatura Superior en Bibliotecología	6161/03 - 1541/04 4687/97 - 554/82 - 230/83		
La Plata	I.S.F.D. y T. N° 9	Fonoaudiología	3839/98	0221-4215393 / 4216288 fax - 4223143 (Hebe)	Calle 2 N° 639 e/ 44 y 45
La Plata		Psicopedagogía	3839/98		
La Plata		Tecnicatura Superior en Adm. Contable	273/03		
La Plata		Tecnicatura Superior en Adm. Financiera	277/03		
La Plata	I.S.F.T. N° 12	Tecnicatura Superior en Análisis de Sistemas	5817/03	0221-4523814 tel/fax	Calle 7 N° 2149
La Plata		Tecnicatura Superior en Análisis, Desarrollo y Programación de Aplicaciones	6175/03		
La Plata		Técnico Sup. en Ceremonial y Protocolo	1623/04		
La Plata		Técnico Sup. en Seg. e Higiene y Control Ambiental Industrial	931/95		

DISTRITO	INSTITUTO	CARRERAS	RESOLUCIÓN	TELÉFONO	DIRECCIÓN
La Plata	I.S.F.T. N° 12 – U Penit. N° 9	Tecnicatura Superior en Análisis de Sistemas	5817/03	0221-4517370	Calle 7 N° 2149
La Plata		Tecnicatura Superior en Análisis, Desarrollo y Programación de Aplicaciones	6175/03		
La Plata		Bibliotecario Auxiliar	13295/99		
La Plata		Bibliotecario de Instituciones Educativas (Semipresencial)	119/01		
La Plata		Bibliotecología (Semipresencial)	13295/99		
La Plata		Tecnic. Sup. en Adm. de Documentos y Archivos	1406/04		
La Plata		Tecnicatura Superior en Museología	1630/04		
La Plata	I.S.F.T. N° 8	Tecnicatura Superior en Bibliotecología	6161/03 - 1541/04	0221-4213501	45 N° 866 (12 y 13)
La Plata		Tecnicatura Superior en Gestión Cultural	1239/07		
La Plata		Tecnicatura Superior en Locución	2368/07		
La Plata		Tecnicatura Superior en Operación Técnica de Estudio de Radio y TV con Orientación en Estudio de Radio	2576/07		
La Plata		Tecnicatura Superior en Operación Técnica de Estudio de Radio y TV con Orientación en Estudio de TV	2578/07		
La Plata		Tecnicatura Superior en Producción y Dirección de Radio y TV	643/06		
Lanús	I.S.F.D. y T. N° 11	Trabajo Social	193/93 - 574/91 - 491/90 - 312/89 - 27/87	011-42419671 / 42416128 fax Media 2	Ituzaingó N° 1770
Lanús		Tecnicatura Superior en Adm. con Orient. en Comercio Exterior	5836/03		Ministro Brín N° 3024
Lanús	I.S.F.T. N° 175	Tecnicatura Superior en Adm. Contable	273/03	011-42412124	
Lanús		Tecnicatura Superior en Adm. de Marketing	5834/03		

DISTRITO	INSTITUTO	CARRERAS	RESOLUCIÓN	TELÉFONO	DIRECCIÓN
Lanús	I.S.F.T. N° 175	Tecnicatura Superior en Trabajo Social	1666/06	011-42412124	Ministro Brin N° 3024
Laprida		Tecnicatura Superior en Comunicación Multimedial	6179/03		
Laprida	I.S.F.D. y T. N° 92	Tecnicatura Superior en Prod. Agrícola Ganadera	5818/03 - 1411/04	02285-421632	Pellegrini N° 1178
Laprida		Tecnicatura Superior en Trabajo Social	1666/06		
Las Flores		Psicopedagogía	3839/98		
Las Flores		Tecnicatura Superior en Comunicación Multimedial	6179/03		
Las Flores	I.S.F.D. y T.N° 152	Tecnicatura Superior en Gestoría	4103/03	02244-450716	Las Heras N° 577
Las Flores		Técnico Sup. en Adm. Agropecuaria	5833/03		
Las Flores		Trabajo Social	193/93 - 574/91 - 491/90 - 312/89 - 27/87		
Lincoln		Tecnicatura Superior en Administración de PyMES	5835/03		
Lincoln	I.S.F.D. y T.N° 134	Tecnicatura Superior en Análisis de Sistemas	5817/03	02355-422220 / 423018	Alem N° 1950
Lincoln		Tecnicatura Superior en Prod. Agrícola Ganadera	5818/03 - 1411/04		
Lincoln		Psicopedagogía	3839/98		
Lincoln	I.S.F.D. y T.N° 14	Tecnicatura Superior en Bibliotecología	6161/03 - 1541/04	02355-427739 / 432531 fax	Caseros 550 y Avellaneda 267
Lincoln		Trabajo Social	193/93 - 574/91 - 491/90 - 312/89 - 27/87		
Lobería	I.S.F.D. y T. N° 165	Tecnicatura Superior en Adm. General	261/03	02261-442053	Barreira N° 50
Lobería		Técnico Sup. en Adm. Agropecuaria	5833/03		

DISTRITO	INSTITUTO	CARRERAS	RESOLUCIÓN	TELÉFONO	DIRECCIÓN
Lobos		Analista en Servicios Gastronómicos	1275/99		
Lobos		Psicopedagogía	3839/98		
Lobos		Tecnicatura Superior en Análisis, Desarrollo y Programación de Aplicaciones	6175/03		
Lobos	I.S.F.D. y T.N° 43	Tecnicatura Superior en Comunicación Multimedial	6179/03	02227-430076 tel/fax	Santamarina S/N
Lobos		Tecnicatura Superior en Tecnología en Salud con Espec. en Lab. de Análisis Clínicos	5140/03		
Lobos		Tecnicatura Superior en Trabajo Social	1666/06		
Lobos		Técnico Sup. en Mantenimiento Industrial	3650/00		
Lobos		Técnico Sup. en Seg. e Higiene y Control Ambiental Industrial	931/95		
Luján		Tecnicatura Superior en Análisis de Sistemas	5817/03		
Luján		Tecnicatura Superior en Análisis, Desarrollo y Programación de Aplicaciones	6175/03		
Luján	I.S.F.T. N° 189	Tecnicatura Superior en Guía de Turismo	279/03	02323-436549	Güemes 1474
Luján		Tecnicatura Superior en Redes Informáticas	6164/03		
Luján		Tecnicatura Superior en Turismo	280/03		
Magdalena		Tecnicatura Superior en Adm. de Recursos Humanos	276/03		
Magdalena	I.S.F.D. y T.N° 58	Tecnicatura Superior en Análisis de Sistemas - UP 36	5817/03	02221-452478 / 452255 Esc Media fax	Brenen y Libertad
Magdalena		Tecnicatura Superior en Trabajo Social	1666/06		
Magdalena		Trabajo Social	193/93 - 574/91 - 491/90 - 312/89 - 27/87		

DISTRITO	INSTITUTO	CARRERAS	RESOLUCIÓN	TELÉFONO	DIRECCIÓN
Mar Chiquita	I.S.F.D. y T. N°63	Tecnicatura Superior en Adm. de Marketing	5834/03	02265-432854 / 432547 Fax CE	Beltrami 185
Mar Chiquita		Tecnicatura Superior en Comunicación Multimedial	6179/03		
Mar Chiquita		Tecnicatura Superior en Instalación y Mantenimiento de Sistemas de Cómputos	780/04		
Mar Chiquita		Tecnicatura Superior en Trabajo Social	1666/06		
Mercedes	I.S.F.D. y T. N° 7	Tecnicatura Superior en Administración de PyMES	5835/03	02324-432390	Calle 24 N° 338
Mercedes		Técnico Sup. en Adm. Agropecuaria	5833/03		
Merlo		Tecnicatura Superior en Adm. Contable	273/03		
Merlo		Tecnicatura Superior en Adm. de Marketing	5834/03		
Merlo	I.S.F.T. N° 177	Tecnicatura Superior en Análisis de Sistemas	5817/03	0220-4942076 / 4941330 / 4942077 fax parroquia	Zapiola N° 1420
Merlo		Tecnicatura Superior en Tecnología en Salud con Espec. en Lab. de Análisis Clínicos	5140/03		
Merlo		Tecnicatura Superior en Gestión Ambiental y Salud	442/08		
Merlo		Técnico Sup. en Comunicación Social	799/01		
Monte		Tecnicatura Superior en Adm. Contable	273/03		
Monte	I.S.F.D. y T. N° 66	Tecnicatura Superior en Trabajo Social	1666/06	02271-443276 / 420259 Fax Inspecc / 420680 Fax CE	Italia N° 390
Monte		Técnico Sup. en Adm. Agropecuaria	5833/03		
Moreno		Analista en Servicios Gastronómicos	1275/99		
Moreno	I.S.F.T. N° 179	Tecnicatura Superior en Adm. General	261/03	0237-4667020	Tucumán y Martín Fierro
Moreno		Tecnicatura Superior en Administración de PyMES	5835/03		

DISTRITO	INSTITUTO	CARRERAS	RESOLUCIÓN	TELÉFONO	DIRECCIÓN
Moreno	I.S.F.T. N° 179	Tecnicatura Superior en Análisis de Sistemas	5817/03	0237-4667020	Tucumán y Martín Fierro
Moreno		Tecnicatura Superior en Análisis, Desarrollo y Programación de Aplicaciones	6175/03		
Moreno		Tecnicatura Superior en Industria Textil e Indumentaria	847/05		
Moreno		Tecnicatura Superior en Instalación y Mantenimiento de Sistemas de Cómputos	780/04		
Moreno		Tecnicatura Superior en Turismo	280/03		
Moreno		Técnico Sup. en Seg. e Higiene y Control Ambiental Industrial	931/95		
Moreno	I.S.F.T. N° 180	Tecnicatura Superior en Administración con Orientación en Cooperativas y Mutuales	4033/05	fax a Secr Inspec ó al Inst 21	Viamonte N° 2600
Moreno		Tecnicatura Superior en Trabajo Social	1666/06		
Moreno		Trabajo Social	193/93 - 574/91 - 491/90 - 312/89 - 27/87		
Morón	I.S.F.T. N° 176	Tecnicatura Superior en Adm. de Recursos Humanos	276/03	011-46291357	Belgrano 357
Morón		Tecnicatura Superior en Administración de PyMES	5835/03		
Morón		Técnico Sup. en Mantenimiento Industrial	3650/00		
N de Julio	I.S.E.T.A.	Analista en Calidad de Alimentos	6791/00 - 11297/97	02317-425507 / 422305 fax	H Irigoyen N° 931
N de Julio		Analista en Servicios Gastronómicos	1275/99		
N de Julio		Tecnicatura Superior en Prod. Agrícola Ganadera	5818/03 - 1411/04		
N de Julio		Técnico Sup. en Mantenimiento Industrial	3650/00		
N de Julio		Técnico Sup. en Prod. de Alimentos con Orient. en Lácteos	2590/00		

DISTRITO	INSTITUTO	CARRERAS	RESOLUCIÓN	TELÉFONO	DIRECCIÓN
N de Julio	I.S.E.T.A.	Técnico Sup. en Tecnología de Alimentos	6791/00	02317-425507 / 422305 fax	H Irigoyen N° 931
N de Julio	I.S.F.D. y T. N° 4	Tecnicatura Superior en Administración de PyMES	5835/03	02317-422222	Cardenal Pironio N° 1528
N de Julio		Tecnicatura Superior en Locución	2368/07		
Navarro	I.S.F.D. y T. N° 43 Ext. Navarro	Tecnicatura Superior en Adm. Pública Municipal	2407/03	02272-420213(COMPARTIDO)	Elizalde N° 328
Navarro		Tecnicatura Superior en Trabajo Social	1666/06		
Necochea		Tecnicatura Superior en Adm. de Recursos Humanos	276/03		
Necochea		Tecnicatura Superior en Adm. Pública Municipal	2407/03		
Necochea	I.S.F.D. y T. N° 31	Tecnicatura Superior en Administración de PyMES	5835/03	02262-424881	Calle 57 N° 2570
Necochea		Tecnicatura Superior en Prod. Agrícola Ganadera	5818/03 - 1411/04		
Necochea		Tecnicatura Superior en Trabajo Social	1666/06		
Necochea		Técnico Sup. en Adm. Agropecuaria	5833/03		
Olavarría		Tecnicatura Superior en Adm. de Marketing	5834/03		
Olavarría		Tecnicatura Superior en Adm. de Recursos Humanos	276/03		
Olavarría	I.S.F.T. N° 130	Tecnicatura Superior en Análisis de Sistemas	5817/03	02284-441887 / 420736 / 428493 / 420480 fax Inicial	San Martín 3051
Olavarría		Tecnicatura Superior en Turismo	280/03		
Olavarría		Técnico Sup. en Energía con Orient. Industrial	794/01		
Olavarría		Técnico Sup. en Seg. e Higiene y Control Ambiental Industrial	931/95		

DISTRITO	INSTITUTO	CARRERAS	RESOLUCIÓN	TELÉFONO	DIRECCIÓN
Olavarría	I.S.F.T. N° 130 – U Penit. N° 2	Tecnicatura Superior en Adm. de Marketing	5834/03	02284-441887 / 420736 / 428493	Unidad Penitenciaria N° 2
Olavarría		Tecnicatura Superior en Análisis de Sistemas	5817/03		
Pehuajó		Tecnicatura Superior en Administración de PyMES	5835/03		
Pehuajó	I.S.F.D. y T. N° 13	Tecnicatura Superior en Trabajo Social	1666/06	02396-472698 tel/fax / 475715 fax loc	Alem y Godoy
Pehuajó		Técnico Sup. en Adm. Agropecuaria	5833/03		
Pehuajó		Trabajo Social	193/93 - 574/91 - 491/90 - 312/89 - 27/87		
Pehuajó		Tecnicatura Superior en Análisis de Sistemas	5817/03		
Pehuajó		Tecnicatura Superior en Prod. Agrícola Ganadera	5818/03 - 1411/04		
Pehuajó	I.S.F.D. y T. N° 148	Tecnicatura Superior en Redes Informáticas	6164/03	02396-474909 / 476110	Alsina N° 152
Pehuajó		Tecnicatura Superior en Bibliotecología	6161/03 - 1541/04		
Pehuajó		Tecnicatura Superior en Gestión Ambiental y Salud	442/08		
Pergamino	I.S.F.D. y T. N° 122	Tecnicatura Superior en Análisis de Sistemas	5817/03	02477-429906 / 423075 fax del Inst 121	Avda. Colón N° 725
Pergamino		Psicopedagogía	3839/98		
Pergamino		Tecnicatura Superior en Análisis de Sistemas	5817/03		
Pergamino	I.S.F.D. y T. N° 5	Tecnicatura Superior en Comunicación Multimedial	6179/03	02477-422568 / 436368 fax	Scalabrini Ortiz N° 472
Pergamino		Tecnicatura Superior en Industria Textil e Indumentaria	847/05		
Pergamino		Tecnicatura Superior en Gestión Cultural	1239/07		
Pergamino		Tecnicatura Superior en Logística	6553/05		

DISTRITO	INSTITUTO	CARRERAS	RESOLUCIÓN	TELÉFONO	DIRECCIÓN
Pergamino	I.S.F.D. y T. N° 5	Tecnicatura Superior en Trabajo Social	1666/06	02477-422568 / 436368 fax	Scalabrini Ortiz N° 472
Pergamino		Técnico Sup. en Seg. e Higiene y Control Ambiental Industrial	931/95		
Pergamino		Trabajo Social	193/93 - 574/91 - 491/90 - 312/89 - 27/87		
Pilar	I.S.F.T. N° 184	Tecnicatura Superior en Adm. Contable	273/03	02322-435135	Sanguinetti N° 521
Pilar		Tecnicatura Superior en Adm. de Marketing	5834/03		
Pilar		Tecnicatura Superior en Adm. de Recursos Humanos	276/03		
Pilar		Técnico Sup. en Ceremonial y Protocolo	1623/04		
Pilar		Técnico Sup. en Seg. e Higiene y Control Ambiental Industrial	931/95		
Pinamar	I.S.F.T. N° 171	Tecnicatura Superior en Adm. de Propiedad Horizontal	3561/04	02254-485700 / 484296 fax CE	Constitución N° 899
Pinamar		Tecnicatura Superior en Adm. Pública	e/t		
Pinamar		Tecnicatura Superior en Administración de PyMES	5835/03		
Pinamar		Tecnicatura Superior en Gestión Ambiental y Salud	442/08		
Pinamar		Tecnicatura Superior en Paisajismo	3808/06		
Pinamar		Técnico Superior en Manejo Ambiental	1608/95		
Puan	I.S.F.D. y T. N° 37	Tecnicatura Superior en Administración de PyMES	5835/03	02924-420577 / 420042 municipio	Rivadavia N° 41
Puan		Tecnicatura Superior en Prod. Agrícola Ganadera	5818/03 - 1411/04		
Puan		Tecnicatura Superior en Transporte, Almacenamiento y Embarque de Cereales y Productos Alimenticios	1678/06		

DISTRITO	INSTITUTO	CARRERAS	RESOLUCIÓN	TELÉFONO	DIRECCIÓN
Punta Indio		Analista en Calidad de Alimentos	6791/00 - 11297/97		
Punta Indio	I.S.F.D. y T. N° 90	Tecnicatura Superior en Enfermería	5011/04	02221-480589 / 480224 fax CE	Calle 31 N° 1448
Punta Indio		Tecnicatura Superior en Trabajo Social	1666/06		
Punta Indio		Técnico Sup. en Seg. e Higiene y Control Ambiental Industrial	931/95		
Quilmes	I.S.F.D. y T. N° 24	Tecnicatura Superior en Análisis de Sistemas	5817/03	011-42518985 fax / 42525610 Vesp	Cramer n° 471
Quilmes	I.S.F.D. y T. N° 83	Analista en Calidad de Alimentos	6791/00 - 11297/97	011-42123210 tel-fax / 4126689 fax loc	Calle 844 N° 2270
Quilmes		Técnico Sup. en Seg. e Higiene y Control Ambiental Industrial	931/95		
R Perez	I.S.F.D. y T. N° 43 Ext. R Perez	Tecnicatura Superior en Industrias Agroalimentarias	3373/06		9 de Julio y Larraburu
Ramallo		Tecnicatura Superior en Adm. de Recursos Humanos	276/03		
Ramallo		Tecnicatura Superior en Enfermería	5011/04		
Ramallo	I.S.F.T. N° 38 Ext. Ramallo	Tecnicatura Superior en Logística	6553/05	03461-462857	Bonfiglio 561
Ramallo		Tecnicatura Superior en Logística	1557/08		
Ramallo		Técnico Sup. en Mantenimiento Industrial	3650/00		
Ramallo		Técnico Sup. en Seg. e Higiene y Control Ambiental Industrial	931/95		
Rauch	I.S.F.D. y T. N° 70	Tecnicatura Superior en Prod. Agrícola Ganadera	5818/03 - 1411/04	02297-440401	Matheu N° 95
Rauch		Tecnicatura Superior en Enfermería	5011/04		

DISTRITO	INSTITUTO	CARRERAS	RESOLUCIÓN	TELÉFONO	DIRECCIÓN
Rojas	I.S.F.D. y T. N° 125	Tecnicatura Superior en Adm. De Marketing	5834/03	02475-463049 / 462242 fax C Esc	Lamadrid 262
Rojas		Tecnicatura Superior en Administración de PyMES	5835/03		
Rojas		Tecnicatura Superior en Tecnología en Salud con Espec. En Lab. De Análisis Clínicos	5140/03		
Rojas		Tecnicatura Superior en Enfermería	5011/04		
Rojas		Técnico Sup. En Adm. Agropecuaria	5833/03		
Rojas		Técnico Sup. En Seg. E Higiene y Control Ambiental Industrial	931/95		
S A de Areco	I.S.F.T. N° 143	Tecnicatura Superior en Administración de PyMES	5835/03	02326-454486 / 453027	Guido y Alberdi
S A de Areco		Tecnicatura Superior en Guía de Turismo	279/03		
S A de Areco		Tecnicatura Superior en Trabajo Social	1666/06		
S A de Areco		Técnico Sup. En Adm. Agropecuaria	5833/03		
Saladillo	I.S.F.T. N° 135	Tecnicatura Superior en Adm. De Marketing	5834/03	02344-454413 tel/fax Media 2 / 453205 FAX Inst 16	Pereira y San Martin
Saladillo		Tecnicatura Superior en Adm. De Recursos Humanos	276/03		
Saladillo		Tecnicatura Superior en Adm. General – Ad Referendem Dictamen Comisión Federal	261/03		
Saladillo		Tecnicatura Superior en Análisis, Desarrollo y Programación de Aplicaciones	6175/03		
Saladillo		Tecnicatura Superior en Prod. Agrícola Ganadera	5818/03 – 1411/04		
Saladillo		Tecnicatura Superior en Industrias Agroalimentarias	3373/06		
Saladillo		Tecnicatura Superior en Transporte, Almacenamiento y Embarque de Cereales y Productos Alimenticios	1678/06		

DISTRITO	INSTITUTO	CARRERAS	RESOLUCIÓN	TELÉFONO	DIRECCIÓN
Saladillo	I.S.F.T. N° 135	Técnico Sup. en Adm. Agropecuaria	5833/03	02344-454413 tel/fax Media 2 / 453205 FAX Inst 16	Pereira y San Martín
Salto		Analista en Calidad de Alimentos	6791/00 - 11297/97		
Salto		Tecnicatura Superior en Adm. Pública	e/t		
Salto	I.S.F.D. y T. N° 126	Tecnicatura Superior en Administración de PyMES	5835/03	02474-423102	Bernardino EsperanzaN° 413
Salto		Tecnicatura Superior en Comunicación Multimedial	6179/03		
Salto		Tecnicatura Superior en Prod. Agrícola Ganadera	5818/03 - 1411/04		
Salto		Tecnicatura Superior en Industrias Agroalimentarias	3373/06		
San Cayetano	I.S.F.D. y T. N° 65	Tecnicatura Superior en Adm. Pública	e/t	02983-470030 / 471280 Fax EEM N° 1	Sarmiento N° 548
San Cayetano		Tecnicatura Superior en Administración de PyMES	5835/03		
San Miguel	I.S.F.D. y T. N° 42	Psicopedagogía	3839/98	011-44515849 / 46646023 / 46645141 / 46682992 Bellavista de mañana	Serrano 1326
San Miguel		Bibliotecario de Instituciones Educativas (Semipresencial)	119/01		
San Miguel		Bibliotecología (Semipresencial)	13295/99		
San Miguel		Tecnicatura Superior en Adm. Pública	e/t		
San Miguel	I.S.F.T. N° 182	Tecnicatura Superior en Adm. Pública Municipal	2407/03	011-46646636 / 46670904	B° Suboficiales Sgto. Cabral
San Miguel		Tecnicatura Superior en Administración de PyMES	5835/03		
San Miguel		Tecnicatura Superior en Análisis de Sistemas	5817/03		
San Miguel		Tecnicatura Superior en Análisis, Desarrollo y Programación de Aplicaciones	6175/03		

DISTRITO	INSTITUTO	CARRERAS	RESOLUCIÓN	TELÉFONO	DIRECCIÓN
San Miguel	I.S.F.T. N° 182	Tecnicatura Superior en Instalación y Mantenimiento de Sistemas de Cómputos	780/04	011-46646636 / 46670904	B° Suboficiales Sgto. Cabral
San Nicolás	I.S.F.D. y T. N°128	Psicopedagogía	3839/98	03461-422140 fax	Plaza 23 de Noviembre s/n°
San Nicolás		Tecnicatura Superior en Administración de PyMES	5835/03		
San Nicolás	I.S.F.T. N° 178	Tecnicatura Superior en Guía de Turismo	279/03	03461-423095 fax	Francia 82
San Nicolás		Tecnicatura Superior en Hotelería	278/03		
San Nicolás		Técnico Sup. en Ceremonial y Protocolo	1623/04		
San Nicolás		Técnico Sup. en Comunicación Social	799/01		
San Nicolás		Tecnicatura Superior en Adm. Contable	273/03		
San Nicolás		Tecnicatura Superior en Adm. de Recursos Humanos	276/03		
San Nicolás		Tecnicatura Superior en Análisis de Sistemas	5817/03	03461-462857	Avda. Central N° 1880
San Nicolás		Tecnicatura Superior en Logística	6553/05		
San Nicolás	I.S.F.T. N° 38	Tecnicatura Superior en Logística	1557/08		
San Nicolás		Técnico Sup. en Energía con Orient. Industrial	794/01		
San Nicolás		Técnico Sup. en Mantenimiento Industrial	3650/00		
San Nicolás		Técnico Sup. en Seg. e Higiene y Control Ambiental Industrial	931/95		
San Nicolás		Técnico Sup. en Seg. e Higiene y Control Ambiental Industrial - CONESA	931/95		
San Nicolás		Técnico Superior en Manejo Ambiental	1608/95		

DISTRITO	INSTITUTO	CARRERAS	RESOLUCIÓN	TELÉFONO	DIRECCIÓN
San Pedro		Tecnicatura Superior en Adm. Contable	273/03		
San Pedro		Tecnicatura Superior en Adm. Pública	e/t		
San Pedro	I.S.F.T. N° 118	Tecnicatura Superior en Adm. Pública Municipal	2407/03	03329-428949 / 428950 / 428909 / 426337 fax / 422044 fax	Arzobispo Bottaro N° 995
San Pedro		Tecnicatura Superior en Análisis de Sistemas	5817/03		
San Pedro		Tecnicatura Superior en Hotelería	278/03		
San Pedro		Técnico Sup. en Prod. de Alimentos con Orient. Frutihortícola	12765/99		
San Vicente		Tecnicatura Superior en Adm. Contable	273/03		
San Vicente		Tecnicatura Superior en Análisis de Sistemas	5817/03		
San Vicente	I.S.F.T. N° 93	Tecnicatura Superior en Análisis, Desarrollo y Programación de Aplicaciones	6175/03	02225-481175 / 483992 fax	Avda. San Martín N° 101
San Vicente		Tecnicatura Superior en Guía de Turismo	279/03		
San Vicente		Tecnicatura Superior en Publicidad	3805/06		
T de Febrero		Tecnicatura Superior en Análisis de Sistemas	5817/03		
T de Febrero		Tecnicatura Superior en Análisis, Desarrollo y Programación de Aplicaciones	6175/03		
T de Febrero	I.S.F.T. N° 185	Tecnicatura Superior en Automatismo, Control y Robótica	2789/06	011-47594417 / 47501728	Santiago Parodi N° 4056
T de Febrero		Tecnicatura Superior en Mecánica Liviana	6248/03		
T de Febrero		Técnico Sup. en Técnicas Digitales	798/01		
T Lauquen	I.S.F.D. N° 144	Tecnicatura Superior en Trabajo Social	1666/06	02392 423113	Di Gerónomo 650

DISTRITO	INSTITUTO	CARRERAS	RESOLUCIÓN	TELÉFONO	DIRECCIÓN
T Lauquen	I.S.F.D. y T. N° 40	Tecnicatura Superior en Adm. General	261/03	02392-430149 / 432151 fax loc	Quintana 110
T Lauquen		Tecnicatura Superior en Análisis de Sistemas	5817/03		
Tandil	I.S.F.D. y T. N° 10	Psicopedagogía	3839/98	02293-440637	Belgrano N° 1610
Tandil	I.S.F.T. N° 75	Tecnicatura Superior en Adm. de Marketing	5834/03	02293-433734 / 423254 fax	Santamarina 851
Tandil		Tecnicatura Superior en Turismo	280/03		
Tandil		Tecnicatura Superior en Enfermería	5011/04		
Tandil		Técnico Sup. en Adm. Agropecuaria	5833/03		
Tandil	Instituto Agrotecnológico de Tandil Dr. Ramón Santamarina	Tecnicatura Superior en Industrias Agroalimentarias	3373/06	02293-423686	Paraje "La Porteña" Ruta 30
Tandil		Tecnicatura Superior en Promoción y Desarrollo de Emprendimientos Agropecuarios	1884/05		
Tapalqué	I.S.F.D. y T. N° 91	Tecnicatura Superior en Adm. Pública	e/t	02283-420973 (Compartido)	Avda. San Martín N° 97
Tapalqué		Tecnicatura Superior en Turismo	280/03		
Tapalqué		Técnico Sup. en Adm. Agropecuaria	5833/03		
Tigre	I.S.F.D. N° 140	Analista en Calidad de Alimentos	6791/00 - 1297/97	011-4519640 (EEM 8) - 011-47272037 (EEM 5)	EEM N° 8: Av H Irigoyen N° 5 G Pacheco (noche) - EEM N° 5: L de la Torre 2895 Don Torcuato (tarde)
Tigre		Tecnicatura Superior en Gestión Ambiental y Salud	442/08		
Tigre	I.S.F.T. N° 182 Ext. Tigre	Tecnicatura Superior en Turismo	280/03	011-47406894	Kenedy y Defensa - Esc Téc N° 1
Tigre		Tecnicatura Superior en Logística	6553/05		

DISTRITO	INSTITUTO	CARRERAS	RESOLUCIÓN	TELÉFONO	DIRECCIÓN
Tigre	I.S.F.T. N° 182 Ext. Tigre	Tecnicatura Superior en Logística	1557/08	011-47406894	Kenedy y Defensa - Esc Téc N° 1
Tigre		Técnico Sup. en Seg. e Higiene y Control Ambiental Industrial	931/95		
Tornquist	I.S.F.D. y T. N° 162	Analista en Servicios Gastronómicos	1275/99	0291-4941150	Avda. E Tornquist 319
Tornquist		Tecnicatura Superior en Turismo	280/03		
Tres Arroyos	I.S.F.D. y T. N° 167	Tecnicatura Superior en Adm. Contable	273/03	02983-422179 / 427268	Pasaje Dameno N° 50
Tres Arroyos		Tecnicatura Superior en Locución	2368/07		
Tres Arroyos		Tecnicatura Superior en Publicidad	3805/06		
Tres Arroyos		Tecnicatura Superior en Prod. Agrícola Ganadera	5818/03 - 1411/04		
Tres Arroyos	I.S.F.D. y T. N° 33	Tecnicatura Superior en Industrias Agroalimentarias	3373/06	02983-423186 / 430435 fax loc	Sarmiento N° 50
Tres Arroyos		Tecnicatura Superior en Trabajo Social	1666/06	02983-423186 / 430435 fax loc	
Tres Arroyos		Técnico Sup. en Seg. e Higiene y Control Ambiental Industrial	931/95		
V de Mayo		Psicopedagogía	3839/98		
V de Mayo	I.S.F.D. y T. N° 28	Tecnicatura Superior en Adm. General	261/03	02345-463245 / 466367 loc	Calle 29 N° 1151
V de Mayo		Tecnicatura Superior en Trabajo Social	1666/06		
V de Mayo		Técnico Sup. en Comunicación Social	799/01		
V de Mayo	I.S.F.D. y T. N° 28 Ext. N de la Riestra	Psicopedagogía	3839/98	02345-463245 / 466367 loc	Mitre y Güemes
V de Mayo		Técnico Sup. en Adm. Agropecuaria	5833/03		

www.ingramcontent.com/pod-product-compliance
Lightning Source LLC
Chambersburg PA
CBHW072154270326
41930CB00011B/2418